Bettina Irene Weichold

Bewegungsfluss

Atmung und Bewegung in Balance
Ein Praxisbuch

Empfohlen vom Berufsverband staatlich geprüfter
Gymnastiklehrerinnen und -lehrer
Deutscher Gymnastikbund DGymB e.V.

verlag modernes lernen - Dortmund

© 2001 verlag modernes lernen, Borgmann KG, D-44139 Dortmund

Herstellung: Löer Druck GmbH, Dortmund

Titelidee: B. Weichold

Illustrationen: B. Weichold

Fotos: Wulfert Fotodesign, Mülheim/Ruhr

Model: G. Weltzin

Gesponsert von: Schule für Atem- und Bewegungsfluss, www.bewegungsfluss.de

 Bestell-Nr. 1191   ISBN 3-8080-0490-8

Bettina Irene Weichold

Bewegungsfluss

Atmung und Bewegung in Balance
Ein Praxisbuch

Inhalt

Vorwort

Haben Sie sich schon einmal gefragt, welche Energie Sie bewegt, täglich über Ihren Körper zu verfügen? Bewegung findet jeden Moment statt. Unaufhörlich sind Sie äußerlich und innerlich in Bewegung. Selbst im Schlaf hebt sich die Bauchdecke mit der Ein- und Ausatmung.

Morgens führen Sie die Zahnbürste zum Mund, dann bücken Sie sich nach einem Krümel auf dem Fußboden und drehen beim rückwärts Einparken den Oberkörper nach hinten. Und egal was Sie tun, Sie atmen dabei.

Sind Sie sich bewusst darüber, wie Sie Schritt für Schritt die Treppe hinunter gehen? Oder ist der Kopf damit beschäftigt, darüber nachzudenken, was es am Abend zu Essen gibt?

Wie oft entstehen Unfälle und kleine Missgeschicke, weil der Kopf nicht dort ist, wo der Körper ist, die Präsenz und die Aufmerksamkeit für den Augenblick fehlen. Zählen Sie die blauen Flecken und kleineren Blessuren, die Sie sich zuziehen, weil Sie von hier nach dort eilen, das Ziel wichtiger als der Bewegungsweg ist und die Atmung missachtet wird. Wie war das bei Ihren letzten Weihnachtsvorbereitungen?

Wenn Sie beginnen, bewusst zu gehen, werden Sie bewusst einkaufen und am Abend bewusst mit dem Kochlöffel rühren. Das Essen wird herrlich schmecken.

Die hier vorgestellte Bewegungslehre lehrt Sie diese bewusste Balance: Sie macht sich die Erarbeitung einer ursprünglichen und ganzheitlichen Geschmeidigkeit von Bewegungsabläufen zur Aufgabe. Das geschieht durch eine Erweiterung der Aufmerksamkeit über die Bewegung selbst hinaus, auf die dabei strömende Atmung.

Es führt Sie zu einem lebendigen Austausch mit Ihrem Umfeld, wenn Sie sich Ihrer Bewegungen und inneren Beweggründe bewusst sind. Sie werden, wenn Sie sich Ihres Atems dabei gewahr werden, auch wach für die Bewegungen Ihrer Mitmenschen. Ihre Begegnungen werden offener und natürlicher, denn Sie sind mit sich selbst in Kontakt, spüren was Sie bewegt. Es entsteht eine tiefe, fließende Einheit mit allen Ihren Tätigkeiten, auch und besonders im Alltag.

Zu lernen, Atmung und Bewegung in Balance zu bringen, führt Sie in Ihren Bewegungsfluss, in die Harmonie von Seele, Geist und Körper. Gesundheitliches Wohlbefinden gelangt so von selbst in Ihr Leben.

Die Entstehung dieses Buches ist dem Umstand zu verdanken, dass mich die Kursteilnehmer während eines Auslandsaufenthaltes fragten, ob es über diese Bewegungslehre etwas zu lesen gäbe. Der Unterricht fand dort unter freiem Himmel, bei Sonnenschein und Meeresrauschen statt.

Es war ein Erlebnis für alle Sinne. Da ich die Frage verneinen musste, jedoch ein großes Interesse verspürte, beschloss ich, dieses Buch zu schreiben. Ebenfalls unter freiem Himmel und bei Meeresrauschen entstand dieses Werk.

An dieser Stelle möchte ich allen meinen Freunden und Verwandten danken, die mir bei der Arbeit an diesem Buch mit vielen Anregungen unterstützend zur Seite standen. Des Weiteren gilt mein Dank denjenigen Menschen, die mir durch Ihre treue Teilnahme an meinem Unterricht die heilsame Wirkung dieser Bewegungslehre immer wieder bestätigen.

Bettina Irene Weichold, im August 2001

Einstimmend einatmen ...

Der Atem ist eine Quelle der Nahrung für den Menschen. Atmen bedeutet Leben.

Im Bewegungsunterricht wird deutlich, wie schwer es ist den Atem in die körperliche Bewegung zu integrieren. Die Selbstentfremdung hat erschreckende Ausmaße angenommen. Zuallererst fehlt dem Teilnehmer ein Körpergefühl und das Verständnis von der eigenen Körperhaltung. Der Atem ist nicht im Bewusstsein.

Das Herausarbeiten von gleichzeitiger Atmung und Bewegung ist eine komplizierte, aber lohnende Aufgabe.

Es hängt nicht ausschließlich mit dem Alter zusammen wenn sich Muskeln verhärten und das Gefühl für Bewegung und Gleichgewicht verloren gegangen ist. Vielmehr hat sich ein Großteil der Menschen seit der Kindheit daran gewöhnt, das Verhalten nach den Bedürfnissen anderer Menschen auszurichten und sich an die vorgegebene Struktur anzupassen. Diese Anpassung wirkt tief in Bewegungsmuster hinein und führt zu einer Körperhaltung, die dem geübten Betrachter ein Gefühl von Enge vermittelt. Dem Atem fehlt der Raum, um sich im Körper auszudehnen. Der Rund- und der Flachrücken sind einige der vielen Zeichen dieser Atem- und Bewegungsenge. „Den Kopf einziehen" kann bedeuten, dass die gegebene Situation für die betroffene Person eine Überforderung darstellt. Viele Teilnehmer sagen dann, „Ja, das liegt in der Familie." oder „Das habe ich von meiner Mutter geerbt.". Natürlich stimmt es, dass es in der Familie liegt, wenn alle die gleiche Körperhaltung haben. Wenn jedoch keiner seine (innere) Haltung verändert, wird diese Anpassung weiter andauern.

Die Übungen in diesem Buch verhelfen dazu, Bewegungsfluss im Körper entstehen zu lassen. Dieser entsteht mit Hilfe des Atems, wenn die Muskeln durch Sauerstoff geschmeidig werden und innere Impulse die Möglichkeit haben, sich in natürliche Bewegungsabläufe zu verwandeln. Aus der körperlichen Enge wird Weite und gesundheitliches Wohlbefinden. Platz für den Atem wird geschaffen. So wie Sie morgens die Betten ausschütteln, so lüften Sie Ihren Körper.

Eine sanfte Herangehensweise bringt Sie Ihrem Atem-Raum und damit sich selbst näher. Das Ziel ist, dass Sie Ihr eigenes Körpergefühl entwickeln, welches Ihnen sagt, was Ihnen gut tut.

Wenn Sie lernen, Ihre Alltagsbewegungen mit weniger Kraftaufwand und einer harmonischen Atmung auszuführen, wird Energie freigesetzt, statt dass Sie müde werden. Das Leben wird lebendiger.

Bei den Übungsbeschreibungen wird der Zusammenhang von Bewegung, Atmung und innerer Dynamik herausgestellt. Es geht nicht um die Übung selbst, sondern um die Art ihrer Ausführung und deren atmungsintensive fließende Verbindung zu den anderen Übungen. Ihre innere Haltung ist entscheidend für die äußere Haltung.

Eine Einführung über nützliche körperliche Funktionen thematisiert die physikalischen Kräfte, die bei körperlicher Bewegung von energiesparendem Nutzen sind.
Daraufhin findet eine Untersuchung der Muskulatur auf ihre Spannungszustände statt.
Der Atmung wird ausführlich Beachtung geschenkt. Gesprochen wird vom Sauerstoff, vom Gähnen, vom günstigen Atmen, vom Atem als Kraftstütze, vom Atem, der Ihnen hilft, im Gleichgewicht zu bleiben.
Die Übungsreihenfolge im Praxisteil ist so aufgebaut, dass Sie im Stehen anfangen. Es folgen Beispiele im Sitzen, die von liegenden Übungen abgelöst werden.
Ein weiteres Kapitel beschreibt Entspannungsmöglichkeiten der tiefliegenden Becken- und Brustmuskulatur durch Zuhilfenahme eines Kastaniensackes oder von Tennisbällen.
Zwei Entspannungsübungen (der Atemkreis, die Laterne) beenden das Kapitel.
Picken Sie sich einzelne Übungen heraus, wenn Sie nicht so viel Zeit haben. Jede Übung steht für sich und erklärt sich durch sich selbst. Seien Sie zu Anfang bescheiden mit den Anforderungen an sich selbst. Überfordern Sie sich nicht.
Für sämtliche Übungen brauchen Sie nicht mehr als fünf Quadratmeter Raum.

Theoretischer Teil

1. Die physikalischen Kräfte im Körper

1.1 Der Knochenaufbau und seine Statik

Der Körper besteht zu einem großen Teil aus Knochen und Muskeln. Die Knochen bilden das Gerüst und die Muskeln halten mit der Haut dasselbe zusammen. Der Knochenaufbau hat eine bestimmte Ordnung. Seine Statik ist auf ein größtmögliches Gleichgewicht ausgerichtet. Im Prinzip kann man sagen, dass sich das Skelett von alleine aufrecht halten könnte, denn der Gelenkaufbau balanciert sich von den Füßen bis hin zum letzten Gelenk der Halswirbelsäule (zwischen dem Atlas und der Dens axis) locker aus. Diese ausbalancierten Knochen werden so durch Bänder und Muskeln gehalten, dass ein Gleichgewicht entsteht, das natürlicherweise wenig Energie benötigt.
Die Statik in den Füßen ist ein gutes Beispiel. Sie tragen den ganzen Tag den übrigen Körper mit seinem Gewicht. Dass der Fuß diese immense Anstrengung leisten kann ist seinen 26 Knochen zu verdanken. Sie stehen alle zueinander so in Beziehung, dass die natürliche Kooperation der Knochen, Muskeln und Bänder untereinander es dem Menschen erlaubt, zu hüpfen, zu springen und zu federn. Ist der Fuß weich und beweglich, setzt sich das Federn bis in die Halswirbelsäule fort. Eine mühelose Haltung vom Fuß bis zum Kopf baut sich auf (Abb. 1 u. 2).

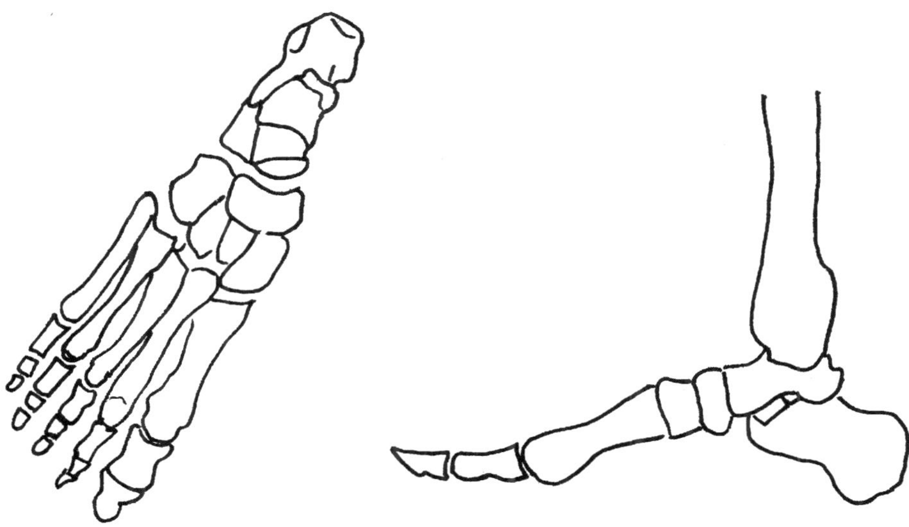

Abb 1   *Abb 2*

1.2 Gewicht und Gleichgewicht

Das Wissen, wie die Knochen zueinander in Beziehung stehen müssen, damit sie eine größtmögliche Stabilität und Flexibilität erzeugen, ermöglicht dem Menschen, sich in Bewegung unnötige Muskelanspannung zu ersparen. Das Körpergewicht oder das Eigengewicht der verschiedenen Körperteile unterstützt bei richtigem Einsatz diesen Energiespareffekt.

Beobachten Sie sich einmal, wie Sie einen Hut auf dem Kopf tragend von einem Stuhl aufstehen. Vielleicht beugen Sie den Oberkörper weit nach vorne und stützen sich mit den Händen auf den Oberschenkeln ab. Dabei fällt Ihnen der Hut vom Kopf (Abb. 3). Hier bedeutet die Gewichtsverlagerung gleichzeitig Energievergeudung, da Sie einen längeren Bewegungsweg bis nach oben ausführen. Sie beugen sich nämlich zuerst nach unten, dann im Bogen nach oben. Nicht nur die Beinmuskeln, sondern auch die Armmuskeln sind währenddessen angespannt. Haben Sie sich genauer beobachtet, konnten Sie feststellen, dass auch der Atem in seinem Fluss unterbrochen war. Mit der Nutzung der Hebelkraft sieht das Bewegungsbild anders aus.

Abb. 3

1.3 Hebelkraft

Als Kraftschub, den der Körper für das Aufstehen von einem Stuhl benötigt, lässt sich die Hebelkraft der angewinkelten Beine einsetzen. Wenn Sie genug Druck in die Füße geben, transportiert sich dieser in die Kniegelenke und weiter in die Hüften. Die Ausatmung gibt in dem Moment Schubhilfe, wenn Sie den Fuß in den Boden drücken. Die Gewichtsverlagerung des Oberkörpers nach vorne ist nicht nötig, oder wird erheblich reduziert (Abb. 4).

Abb. 4

1.4 Auftriebskraft

Beginnt eine gesunde Körperspannung also beim Fuß, oder beim Kopf?
Dieser hängt manchmal so schwer nach vorne und der Blick fällt auf den
Boden (Abb. 5). Der Brustkorb ist eingesunken, die Atmung kurz.
Ist der Mensch wach und präsent, stehen die Beine fest auf der Erde.
Gerade und aufmerksam richtet sich der Körper und der Kopf darüber
auf. Etwas streckt den Oberkörper und zieht an den Haaren, so dass sich
der Blick frei nach vorne ausrichtet (Abb. 6), das Herz und die Atmung
ungehindert ihre Tätigkeiten ausüben können. Die Stabilität des Bodens
und das Vertrauen in dieselbe, dringen von unten herauf und geben den
ständigen Auftrieb. Im Liegen findet das Gefühl, vom Boden getragen zu
werden seinen Ausdruck im sich entspannenden Muskeltonus.

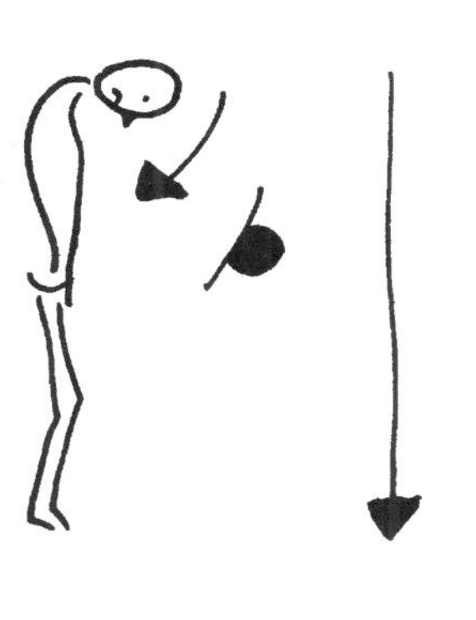

Abb. 5

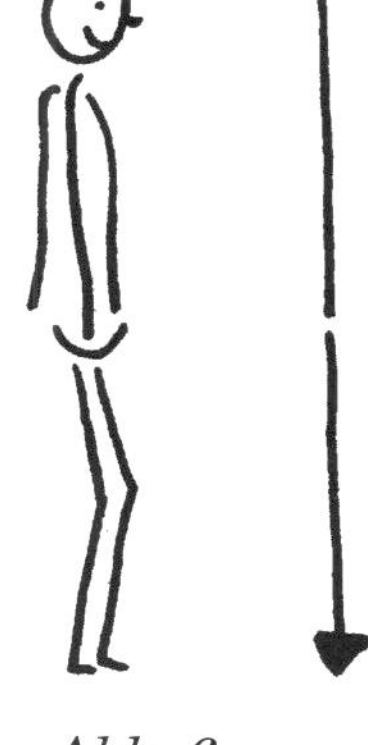

Abb. 6

1.5 Schwingen

Ein Aspekt der Physik, der bei körperlicher Bewegung wirksam wird, ist
der Mechanismus des Schwingens. Wenn Sie einen Arm in die Luft heben
und dem Gewicht desselben nachgeben, so fällt dieser Arm im Bogen von
vorne nach hinten, schlägt hinten an, schwingt dann wieder nach vorne,
um dort anzuschlagen und so fort, bis er sich
ausgeschwungen hat und zum Stillstand kommt.
Selbst wenn der Ellenbogen im Moment des
Fallens leicht gebeugt wäre, würde der Arm
dennoch einen Moment ausschwingen.
Das Schwingen lässt sich in Alltagsbewegungen anwenden. Der Moment des Staubsaugens
ist ein gutes Beispiel: Der Arm schwingt vor
und schiebt den Handgriff der Düse nach vorne.
Dabei wird ausgeatmet (Abb. 7). Schwingt der
Arm zurück, wird die Düse mit nach hinten

Abb. 7

gezogen, der Atem strömt ein (Abb. 8).
Wenn sich der Oberkörper aus der Schrittstellung heraus leicht nach vorne schiebt, und zwar
von der Körpermitte, der Lendenwirbelsäule
ausgehend, dann hat er den nötigen Impuls
(Druck/Kraft) für diesen Schwung nach vorne.
Die Oberarm- und Schultermuskulatur bleibt
gelöst. Der Mensch bildet mit dem Arbeitsge-
rät, hier dem Staubsauger, eine physikalische
Einheit, die das Eigengewicht der Düse mit ein-
bezieht.

Abb. 8

Wenn ein leichter Gegenstand vom Boden auf-
gehoben werden muss, kann dem Körpergewicht des Oberkörpers nach-
gegeben werden. Bei leicht gebeugten Knien fällt der Kopf zuerst nach
unten. Er zieht die Arme und den Brustkorb nach sich. Der Atem strömt
aus, denn der Atemraum von Brust und Bauch fällt in sich zusammen.
Der Gegenstand wird mit entspannten Armen ergriffen. Nun schwingt
der Körper sofort wieder zurück, wobei dieses Zurückschwingen und
Öffnen des Körperraumes durch die Einatmung unterstützt wird. Auf
diese Art ist geringster Kraftaufwand für das Beugen des Rumpfes not-
wendig.

1.6 Widerstand

Das Prinzip des Widerstandes verhilft bei seiner Anwendung zu einer
ökonomischen Körperhaltung. Widerstand bedeutet, dass zwei entge-
gengesetzte Kräfte entstehen. Wird zum Beispiel ein voller Einkaufskorb
getragen, so neigt sich der Körper,
dem Gewicht des Korbes nachge-
bend, zur Seite und die Wirbelsäule
krümmt sich (Abb. 9). Oft spannt
sich der Schultergürtel an, damit
der Korb nicht zu weit nach unten
zieht. Das Gewicht des Korbes kann
dazu veranlassen, sich gegen dasselbe aufzurichten. Die Wirbelsäule bleibt aufrecht, der untere Rük-
ken wird im Widerstand gegen das
Gewicht gestärkt (Abb. 10). Die
Muskulatur des Oberarmes und der
Schulter werden gedehnt, da sie
beim Tragen entspannt bleiben.

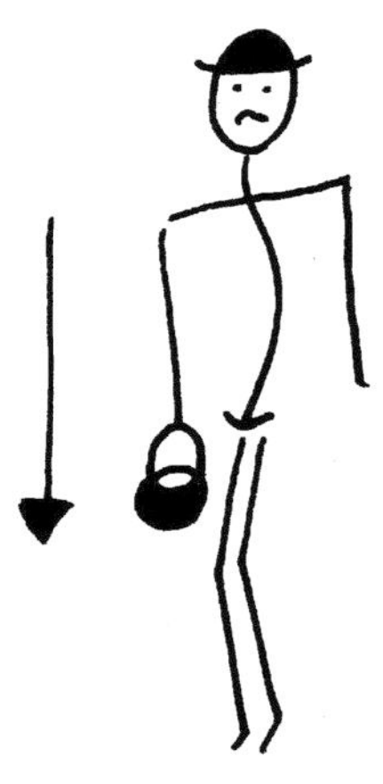

Abb. 9

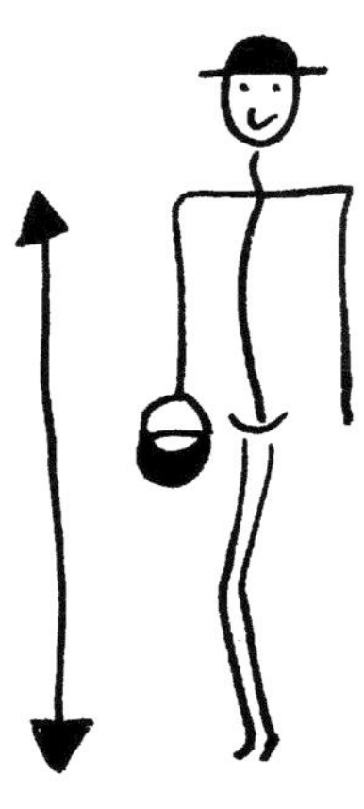

Abb. 10

Ein anderes Bewegungsbild erläutert den Widerstand:
Um vom Sitzen auf dem Fußboden in die Rückenlage zu gelangen, winkeln Sie ein Bein an und umspannen es mit den Händen. Das andere Bein ist ausgestreckt (Abb. 11). Lassen Sie den Rücken hängen und bilden Sie einen Widerstand zu dem Bein. Die Arme sind locker, der Schultergürtel ist entspannt und in Dehnung. Die Wirbelsäule wird mit dem Gegenzug des Knies behutsam zu Boden gerollt (Abb. 12). Der Atem strömt langsam heraus.

Abb. 11

Abb. 12

Das andere Bein bleibt gestreckt am Boden liegen (Abb. 13).

Abb. 13

Diese Bewegung geschieht im Widerstand zur Kraft, die das Bein ausübt. Der Bewegungsweg zurück nach oben wird durch den Druck ausgeführt, den das Knie in die Hände gibt, bei gleichzeitiger Ausatmung.

2. Muskelspannungen

Das Wort *Tonus* kommt aus dem griechischen und meint das Spannen,
die Anspannung. *Toni* bedeutet: Der durch Nerveneinfluss ständig wach-
gehaltene Spannungszustand der Gewebe, besonders der Muskeln.
Um Leichtigkeit und Mühelosigkeit in der Bewegung zu erfahren, werden zu Beginn vorhandene Muskelverspannungen erkannt und gelöst.
Der Arm fällt nicht einfach von oben nach unten und schwingt vor und
zurück. Ebenso schwingt der Rumpf nicht weich zu Boden. Die Muskeln
haben bereits einen so hohen Tonus erreicht, auch wenn sie nicht aktiv
tätig sind, dass es schwer fällt, ein Körperteil fallen zu lassen oder dem
Körpergewicht nachzugeben, ohne willentlich Muskeln anzuspannen.
Sich über den gewohnten Tonus bewusst zu werden, ihn aufzulösen und
Flexibilität in ihm zu erreichen, ist hier die Aufgabe. Dann ist der Muskel
mit seiner Spannung an die jeweilige Situation anpassungsfähig.
Dies wird an einem Beispiel erläutert:
Vor Ihnen auf dem Tisch steht eine leere und eine volle, mit Wasser
gefüllte Karaffe. Heben Sie zuerst die leere Karaffe an und beobachten
Sie, wie stark sich die Armmuskeln anspannen. Vergleichen Sie diesen
Spannungszustand mit dem, der entsteht wenn Sie die volle Karaffe
anheben. Sie werden einen Unterschied im Muskeltonus feststellen.
Wollen Sie einen leeren Eimer anheben, in dem Glauben er sei mit zehn
Litern Wasser gefüllt, wird Ihnen der Eimer in die Luft fliegen, denn die
Muskeln haben sich auf eine große Kraftanstrengung eingestellt.

Die vielfältigen Muskelspannungen werden im Folgenden vereinfacht
erläutert.

2.1 Ruhetonus

Haben Sie schon einmal einem träumenden Hund zugeschaut? Sie wissen nicht wovon er träumt, aber seinen Bewegungen und Lauten zufolge
geht es in ihm manchmal ganz schön lebendig zu. Die Pfote zittert leicht
oder schlägt aus, manchmal ist ein leises Kläffen oder Knurren zu hören.

Also stehen die Muskeln auch im Schlaf nicht still. Erst im Tod lässt der
Spannungszustand der Muskeln gänzlich nach. Der im Schlaf entstehen-
de Tonus ist der Ruhetonus, der auch bei der Ausführung von Entspannungsübungen entsteht. Die Muskeln sind entspannt, bleiben jedoch in
Bereitschaft sich zu bewegen.

2.2 Eutonus

Ein „freier" Muskel ist ein solcher, der eine ausbalancierte, der Situation
angepasste Muskelspannung aufbauen kann. Er ist gut durchblutet und
dadurch weich. Ein solcher Muskel befindet sich im Tonusgleichgewicht
oder auch im Eutonus.

2.3 Hochtonus

Ein Hochtonus entsteht, wenn ein Muskel in seiner ganzen Kraft gefor-
dert wird, wie es beim Gewichtheben zu sehen ist. Doch bleibt der Muskel
flexibel, wenn er nach der Anspannung zurück in den Ruhetonus kehrt.

2.4 Hartspann

Anders ist es bei einem sogenannten Hartspann, der sich bei einem
Hexenschuss bildet. Dabei verhärten sich die Muskeln z. B. in der Len-
denwirbelsäule, ohne dass sie sich anschließend entspannen. Mit der
Verhärtung verhindert der Muskel bestimmte Bewegungen, die eine
Nervenreizung und damit Schmerzen verursachen. Erst wenn die Ge-
fahr einer Reizung vorüber ist, entspannt sich der Muskel natürlicher-
weise.
Manchmal ist ein Hartspann ohne unmittelbaren Grund vorhanden, weil
eine unökonomische Körperhaltung seit Jahren nicht reguliert wurde.
Einer der bekannten Orte für die Ansiedlung eines Hartspannes ist die
Schulterhöhe, zwischen Schultergelenk und Nacken. Dieser Hartspann
kommt unter anderem vom Anspannen der Schulter bei Überbelastung.
Es lastet zu viel auf den Schultern.

Die Betrachtung des schlafenden und träumenden Hundes erweckt den
Eindruck, dass dieser seinen inneren Bildern Ausdruck verleiht. Das
zeigt sich in der Bewegung, sei es die der Pfote oder die des Unterkiefers.
Dieser Ausdruck setzt sich zusammen aus Körperbewegung und Körperspannung, Haltung und Flexibilität.
In Analogie dazu verleiht der Mensch seinen Gedanken und Gefühlen
Ausdruck in Form von dynamischen Bewegungen. Daraus lässt sich
folgern, dass ein frei denkender und fühlender Mensch in seiner Körperbewegung lebendig und vielfältig ist. Bei Kindern zeigt sich diese Frei-
heit in ihrem spontanen und grenzenlosen Ausdruck von Bewegungsim-
pulsen.

2.5 Große und kleine Muskeln

Die Wirbelsäule wird von den langen Rückenmuskeln gestützt. Sie ver-
antworten die Seitneigung und Vorbeugung sowie die Rotation mit. Auf
der äußeren Oberfläche des Körpers liegend, sind sie robust und bilden
mit den anderen großen Muskeln des Oberkörpers ein Stütz- und Schutz-
korsett.
Die kleinen, feinen Muskeln liegen unterhalb der oben beschriebenen
Muskelschicht. Beispielhaft sollen hier die Zwischenrippen- und Zwischenwirbelmuskeln genannt werden (Abb. 14 u. 15a/b). Beim Einatmen

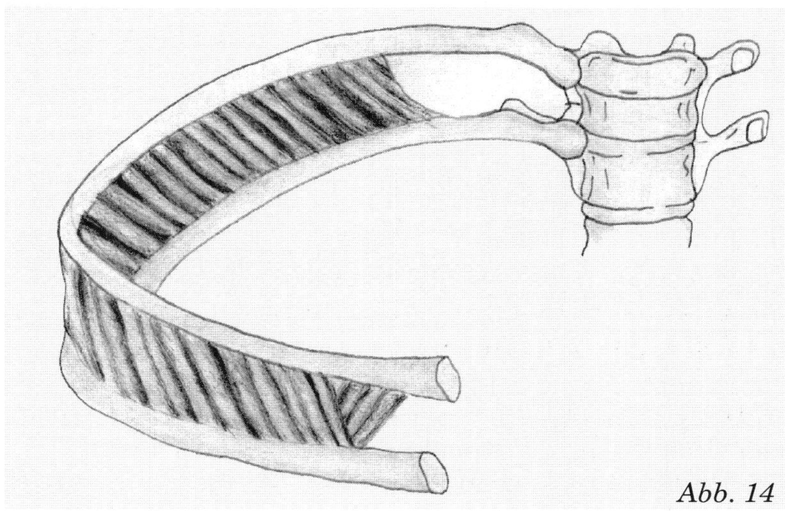

Abb. 14

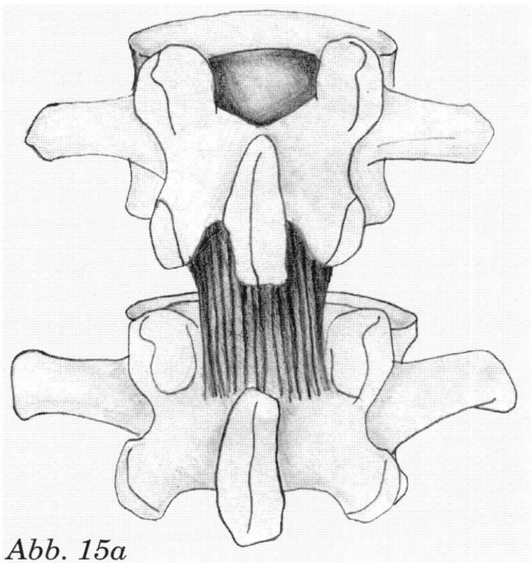

Abb. 15a

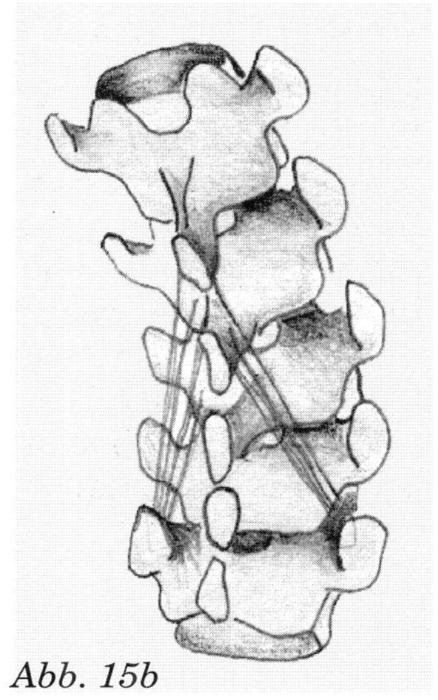

Abb. 15b

dehnen sich die Rippenbögen und damit die Zwischenrippenmuskeln aus. Die Wirbelsäule dehnt sich in die Länge und damit die Zwischenwirbelmuskulatur. Bei eingeschränkter Atmung und Bewegung verkümmern diese Muskeln jedoch und werden unflexibel.
Beobachten Sie einmal, was beim Atmen geschieht: Es entsteht eine sanfte Muskeldehnung im Oberkörper und im Bauch, die alleine durch den einströmenden Atem hervorgerufen wird. Die Atembewegung ist sanft und empfindlich.

Unempfindlich dagegen sind die groben äußeren Muskeln. Bei einem Aufschlag im Tennis oder Golf schwingt der Arm heftig aus. Der Körper müsste sich um seine eigene Achse drehen, damit der Schlag ausschwingen kann. Ein abruptes Unterbrechen der Bewegung verhindert dieses, denn der Arm soll zügig einen neuen Schlag ausführen.
Um die Zwischenwirbel- und Rippenmuskeln weich und geschmeidig zu halten, sollte die Kraft aus der Lendenwirbelsäule gewonnen werden. Eine stabile Becken- und Rumpfmuskulatur befreit die Brust- und Armmuskeln von zu hoher Spannung. Der Atem wird nicht angehalten und das Ausatmen unterstützt den kräftigen Schlag.

3. Atmung

3.1 Von der Notwendigkeit des Sauerstoffs

Der Atem ist auf Grund seiner ständigen Anwesenheit der beste Freund des Menschen. Auf subtile Weise ist er die Verbindung zu anderen Menschen. Das, was der Eine ausatmet, atmet der Andere wieder ein.

Mit der Luft atmet der Mensch viele essentielle Metalle ein, denn sie sind an den Wasserstoff gebunden. In der Atemluft sind ca. 20% Sauerstoff, der in das Blut eindringt und den Reinigungsprozess des Körpers unterstützt. Er transportiert die verbrauchten Energien in die Ausscheidungsorgane und beschleunigt bei vermehrter Zufuhr die Blutzirkulation. Sauerstoff ist in jeder Zelle, im Wasseranteil, im Gehirn und in allen Organen.

Ein gut gelüfteter Körper ist ein solcher, der viel Sauerstoff erhält. Ein solcher Körper ist geschmeidig, die Muskeln sind weich, der Mensch ist unempfindlich gegen Krankheiten. Durch das pausenlose Ein- und Ausatmen findet ununterbrochen ein Aufnehmen und ein Abgeben statt. Nichts wird „festgehalten".

3.2 Das Zwerchfell

Ein wichtiges Atemorgan ist neben den Lungen und der Haut das Zwerchfell, auch Diaphragma genannt. Es sitzt oberhalb der Bauchhöhle und umspannt diese in ihrer gesamten Breite im großen Bogen. Es trennt Brust- und Bauchhöhle voneinander (Abb. 16). Das Diaphragma ist ein Muskel, der sich im Rhythmus der Atmung ausdehnt und zusammenzieht. Es neigt dazu, sich bei Kurzatmigkeit zu verspannen und unflexibel zu werden.

Über dem Zwerchfell sitzen die Lungen, geschützt von den Rippenbögen. Ihre allseitige Ausdehnung ist beim Atmen leicht zu beobachten. Auch der Rücken dehnt sich bei der Einatmung aus.

In seiner gesunden Form strömt der Atem fließend in die Lunge. Das Einat-

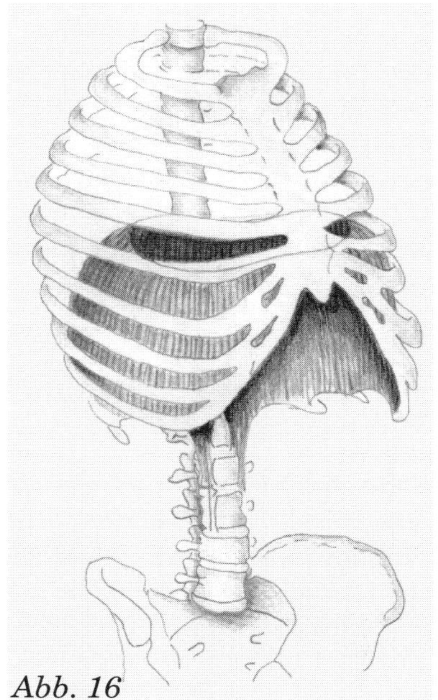

Abb. 16

men durch die Nase fördert die Gehirndurchblutung, der Kopf wird belüftet. In diesem Moment dehnt sich das Diaphragma nach unten in die Bauchhöhle aus. Dabei massiert es sanft die Verdauungsorgane. Die Einatmung führt im Körper zu einer leichten Aufrichtung. Der ganze Organismus erfährt eine Ausdehnung und wird bis in die kleine Zehe mit Sauerstoff versorgt. Wenn der Atem ausströmt, entspannt sich das Diaphragma wieder nach oben, der Brustkorb zieht sich zusammen.

3.3 Einflüsse auf den Atem

Der natürliche Atemreflex reagiert auf äußere Einflüsse. Im Schreck ist der Atem angehalten, bei Eile ist er eher kurz, „lange Weile" ist langatmig.

Kinder reagieren bei psychischem Druck auf seelischer Ebene mit einer Veränderung in ihrem Atemrhythmus, denn sie sind sehr feinfühlig. Wenn sie Angst haben oder wenn sie sich über ihre Kräfte hinaus anstrengen, halten sie den Atem an. Geschieht dies vermehrt, stellt sich bald ein Automatismus ein, den Atemstrom zu blockieren oder bei Überforderung zu pressen. Bei der Pressatmung wird der Atem während einer Anstrengung angehalten, dann unter großem Druck ausgestoßen, wenn die Anstrengung vorüber ist. Dieses Phänomen ist schon bei minimaler Anspannung zu beobachten. Da hier eine mangelnde Sauerstoffzufuhr die Folge ist, fangen die ersten Muskelverspannungen in der Kindheit an und manifestieren sich im Körper. Haltungsschäden und Bewegungseinschränkungen beginnen durch die fehlende Flexibilität im Muskelgewebe. Bleiben die Ursachen dieser eingeschränkten Atmung im Dunkeln, richtet sich die Kurzatmigkeit als eine Normalität ein und führt zu weiteren Verspannungen und Koordinationsstörungen in allen Wachstumsphasen. Das Bewusstsein für die Bewegungsmöglichkeiten des Körpers, welches das Kind durch spielerisches Tun in den ersten Lebensjahren erwirbt, verliert sich mehr und mehr. Rückenschmerzen und Allergien, heutzutage weit verbreitete Krankheitsbilder unter jungen Menschen, werden zur Gewohnheit. Auch wenn die sogenannten Umstände sich ändern, bleibt die Kurzatmigkeit oder die Pressatmung bestehen, denn der Mensch ist in seinem Körper gefangen. Es sei denn, die Atem-Not wird als eine solche erkannt.

Das Wechselspiel zwischen der Atemintensität und dem Muskeltonus führt zu Bewegungsspielräumen unterschiedlichster Ausdehnung. Ihre gegenseitige Abhängigkeit voneinander macht es möglich, den Freiraum sowohl durch die Arbeit am Muskeltonus als auch durch die Arbeit am Atemrhythmus zu erweitern.

3.4 Den Atem spüren

Viele Menschen sagen, dass sie falsch atmen. Das wird in einem Nebensatz festgestellt. Was sie genau damit meinen, wissen sie nicht.

Um die Vorstellungen über den Atem durch die Erfahrung des Atmens zu ersetzen, wird der Atem in das Bewusstsein gehoben.

Legen Sie sich auf den Boden (Abb. 17), winkeln Sie die Beine an und stellen Sie die Füße in Hüftbreite auf dem Boden auf. Die Hände liegen locker auf dem Bauch. Sie bewegen sich mit der Ein- und Ausatmung auf und ab. Beobachten Sie diese Bewegung des Atems. Schenken Sie Ihrem besten Freund Aufmerksamkeit und verfolgen den Weg, den der Luftstrom nimmt. Sie merken, wie ruhig Sie werden, wenn Sie ihn beobachten.

Abb. 17

Auch stehend legen Sie die Hände auf den Bauch und Brustkorb, um den Atem zu spüren. Schauen Sie jetzt, was sich wie bewegt.

Wenn Sie mehr mit Ihrem Atem in Kontakt sind, bemerken Sie gegebenenfalls Eigenarten Ihrer Atemgewohnheit. Beispielsweise stellen Sie in Bewegung eine Atemunterbrechung fest, die sich nach dem Einatmen einstellt, kurz vor dem Ausatmen. Die Luft fließt nicht direkt aus, der Atemstrom ist kurzzeitig blockiert.

Bei der Trennung der Nabelschnur nach der Geburt war es üblich, den Atem durch einen Klaps auf den Po des Neugeborenen herauszubefördern. Der Bruch erinnert möglicherweise an diese unsanfte Methode, durch die der Atem herausgeschrieen wurde. Der Schreck sitzt Ihnen förmlich im Hals, denn die Luftröhre verschließt sich im Rachen vor der Ausatmung für einen Moment.

Wird die Nabelschnur nicht sofort durchtrennt, beginnt der Atem von ganz alleine zu strömen. Er fließt in seiner natürlichen Lebendigkeit.

Spüren Sie genau hin, vielleicht entsteht ein warmes Gefühl im Bauch und der Atem wird alleine durch Ihre Aufmerksamkeit vertieft.

3.5 Das Gähnen als Atemregulation

Ein altbewährtes und natürliches Hilfsmittel zur Förderung eines gesunden Atems ist das Gähnen. In unserer Gesellschaft bezeichnet es einen Menschen, der müde oder gelangweilt ist. Es scheint, dass die

Geste des Gähnens Ignoranz ausdrückt. Zudem verliert der Mensch sein Gesicht, wenn er den Mund zur Gänze öffnet.

Ausgiebiges Gähnen könnte Ihnen manchmal den Mittagsschlaf ersparen. Zum Gähnen kommen Sie leicht durch eine einfache Gesichtsmassage. Stehen Sie locker, mit gebeugten Knien, vielleicht geschlossenen Augen. Spüren Sie die Müdigkeit in Ihrem Körper. Legen Sie beide Hände flach auf das Gesicht. Ziehen Sie mit den Fingern die Stirn auseinander, immer wieder. Bleiben Sie bewegt in den Knien und wiegen sich hin und her. Massieren Sie die Schläfen mit kreisenden Bewegungen der Fingerspitzen. Wandern Sie zu den Kieferknochen hinunter. Öffnen Sie den Mund und ziehen eine Grimasse, wenn Sie die Kiefergelenke massieren. Das Bedürfnis zu gähnen stellt sich nach einiger Zeit ein. Massieren Sie weiter und hören Sie nicht gleich auf, wenn Sie zwei, drei Mal gegähnt haben. Lassen Sie zu, dass sich das Gähnen immer wieder einstellt. Es erfüllt Sie bis in die Kopfhaut mit Sauerstoff. Wenn Sie nicht mehr gähnen können, spüren Sie den Unterschied, der sich nach einiger Zeit einstellt. Sie haben sich gelüftet und sind erfrischt. Vielleicht fühlen Sie sich gelöster und leichter in Ihrer Haut.

Es gibt viele Methoden den Atem anzuregen, ihn zu seinem natürlichen Fluss zurückzuführen. Ihn zu befähigen, sich in die engen Körperräume vorzutasten, soll durch die folgenden Übungen geschehen. Es mag sein, dass Sie sich einer großen Müdigkeit bewusst werden. Führen Sie die Übungen mit Rücksicht auf den Atem aus. Das heißt, Sie lassen das Gähnen zu, wenn es sich einstellt und Sie bewegen sich währenddessen langsam fort. Sie werden sich seelisch-geistig entspannen und Energie freisetzen, die sich positiv einsetzen lässt. Es findet eine Übertragung auf den Alltag statt. Gewöhnliche Bewegungsabläufe werden mit weniger Energieaufwand ausgeführt. Ihre Haltung und Ihr persönlicher Ausdruck sind durch Flexibilität und Geschmeidigkeit geprägt.

Praktischer Teil

1. Einleitung

Die Rückkehr zu natürlicher Geschmeidigkeit der Muskulatur und damit zu fließenden Bewegungsabläufen bedarf einer intensiven, aber lohnenden Disziplin. Schließlich sind Verspannungen manchmal schon einige Jahre alt, wenn nicht sogar Jahrzehnte. Sich dieser Verspannungen bewusst zu werden, ist ein wichtiger Schritt zur Körperwahrnehmung. Im Weiteren lernen Sie, wie Sie sich körpergerecht bewegen.
Das Üben einer natürlichen Haltung führt zu intensiver Auseinandersetzung mit der Haltung zu sich selbst und zu seinem Umfeld. Sie werden aufmerksam für sich und erkennen eine starke Veränderung im Körper, nachdem Sie das Üben beendet haben. Im Vergleich zu Ihrem Alltagsrhythmus fühlen Sie sich möglicherweise schlapp. Im Grunde sind Sie viel entspannter. Ihnen fehlt die Motivation in den alten, wahrscheinlich hektischen Rhythmus zurückzukehren, denn der eigene Rhythmus hat sich verlangsamt. Die Struktur, in der Sie leben und arbeiten wird sich dadurch verändern. Treten Widerstände bei der Lösung von Verspannungen auf, übergehen Sie sie nicht. Akzeptieren Sie sie, der Körper hat sein eigenes Zeitgefühl.

Sie beginnen im Stehen mit den Übungen, gelangen dann über das Sitzen zu Übungen im Liegen. Dort enden Sie mit meditativer Entspannung. Der Verlauf ist so geordnet, dass Sie von einer Bewegung in die nächste hinübergleiten können, ohne große Positionswechsel vornehmen zu müssen. Wenn Sie ausdauernd arbeiten, macht sich das Buch am Ende überflüssig, denn das Programm geht Ihnen in Fleisch und Blut über. Die Integration in den Alltag wird dann selbstverständlich sein.
Wer sich eines natürlichen Atems erfreut, kann den Energieschub bei jeder körperlichen Anstrengung einsetzen. Ob das beim Sport oder bei körperbelastender Arbeit ist, ist dabei einerlei.

Wichtige Linien im Körper sind die Vertikale und die Horizontale. Sie schneiden sich im Zentrum des Körpers. Dieses befindet sich etwas unterhalb des Bauchnabels. Auch die beiden Diagonalen laufen durch dieses Zentrum (Foto 1).

Foto 1

Alle Übungen im Stehen, im Sitzen und im Liegen, lassen in der Bewegung diese Linientreue erkennen. Der rechte Winkel von 90° bildet zugleich einen Maßstab für die Richtigkeit der Übung in Bewegung.

Es soll noch einmal darauf aufmerksam gemacht werden, dass der Atem sich aus der Enge oder Verspannung löst. Sobald Sie den Atem anhalten während Sie eine Übung ausführen, haben Sie bereits zu viel Anspannung und Konzentration. Eigentlich sollte der Atem immer gleichmäßig mitfließen. Atemhilfen verhelfen bei allen Übungen dazu, dass das Gleichgewicht von Atmung und Bewegung entstehen kann. Gähnen Sie soviel Sie wollen!

2. Lockerung und Entspannung im Stehen

2.1 Vorbereitung der Körpers

Dehnen Sie mit leicht gebeugten Knien den gesamten Körper durch. Strecken und räkeln Sie sich nach allen Richtungen, beugen Sie sanft den Rücken und suchen die eingeschlafenen oder nicht gebrauchten Muskelpartien ab. Wenn Sie Lust bekommen zu seufzen und zu gähnen, dann tun Sie es, bleiben aber während des Gähnprozesses in Bewegung. Um die Zwischenrippenmuskeln abzutasten, strecken Sie einen Arm in die Höhe und suchen mit den Fingerspitzen der anderen Hand die Rippenbögen. „Kämmen" Sie beidseitig die zwischen den Rippen liegenden Muskeln bis zur Brustkorbmitte aus (Foto 2). Schütteln Sie sich locker. Schließen Sie mit einer Gesichtsmassage ab. Indem Sie mit beiden Händen die Stirn nach außen streichen und die Wangen kreisend mit den Fingerkuppen durchmassieren, beleben Sie die Gesichtsmuskulatur. Dabei die Knie immer leicht gebeugt und bewegt halten. Gehen Sie nun in die Grundstellung.

Foto 2

2.2 Grundstellung

Der Statik des Skeletts folgend erweist sich die Haltung am energiesparendsten, bei der alle großen Gelenke übereinander aufgebaut sind. Die Füße stehen parallel nebeneinander, in Hüftbreite auseinander. Nun bauen Sie die Fuß-, Knie- und Hüftgelenke so übereinander auf, dass sie zwei parallele Linien bilden (Abb. 18). Die Knie sind weder ein- noch ausgedreht und bleiben, wenn nicht anders erwähnt, leicht gebeugt. Es ist wichtig, dass die Kniegelenke labil sind, denn nur so üben Sie eine Stoßdämpferfunktion auf die Bandscheiben aus und sorgen für ein bewegtes Gleichgewicht im Körper.

Abb. 18

Der Beckenstand rückt nun in nähere Betrachtung: Das Becken kann unter anderem gekippt (Abb. 19) und aufgerichtet (Abb. 20) werden. Ist das Becken weit gekippt worden, halten Sie sich im Hohlkreuz. Wenn Sie es aufrichten, entsteht der Flachrücken. Sie stellen das Becken so ein, dass die normale Lendenwirbelkrümmung erhalten bleibt, und Sie im natürlichen Hohlkreuz verweilen. Der Brustkorb ist stolz nach oben aufgerichtet (Abb. 21), ohne dass die Schultergelenke hoch- und nach hinten gezogen sind. Die Aufrichtung geschieht alleine aus der Mitte der Brustwirbelsäule heraus. Suchen Sie diesen Punkt zwischen den Rippenbögen, heben Sie den Brustkorb von dort aus an (Abb. 22). Spüren Sie sich in dieser Haltung.

Der Atem strömt nun intensiver ein. Beobachten Sie eine Weile, wie er

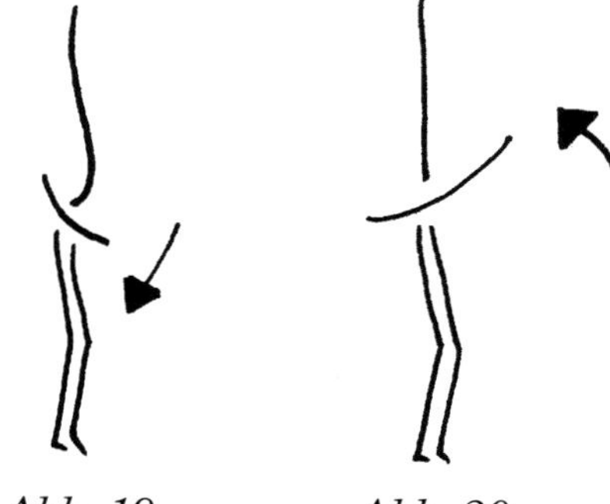

Abb. 19   *Abb. 20*

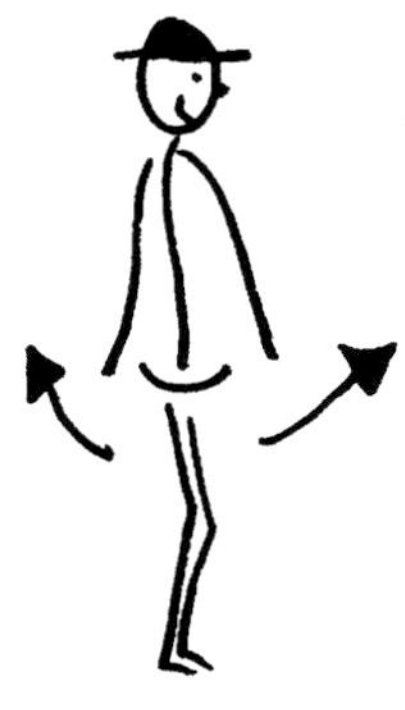

Abb. 21

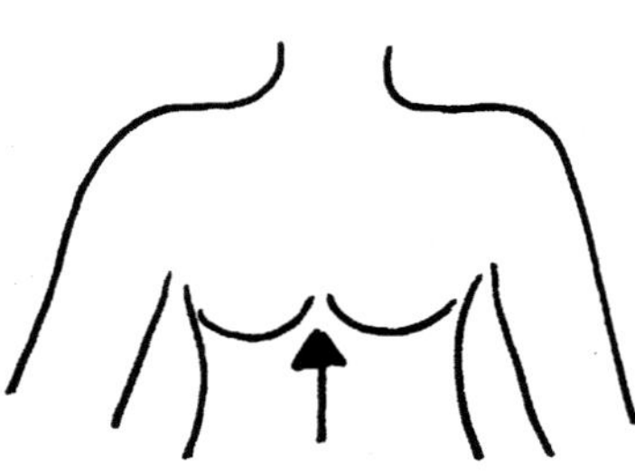

Abb. 22

in den Brust- und Bauchraum fließt, und sich dort ausdehnt. Stellen Sie
sich vor Sie trügen ein Buch auf dem Kopf, das nicht herunter fallen darf
(Foto 3). Es gibt keine überflüssige Muskelanspannung. Sie sind ganz
gelöst. Spüren Sie die Stabilität in den Füßen, die Aufrichtung im Kopf
und im langen Nacken. Der Blick schaut offen nach vorne.

Foto 3

2.3 Wippen und Federn

Zur allgemeinen Lockerung der Muskulatur wippen Sie leicht in den
Knien, die Füße bleiben fest auf dem Boden verwurzelt. Es ist ein kleines,
schnelles Wippen. Der ganze Körper wippt etwa 2 cm hoch und herunter.
Alle Muskeln werden angesprochen, sich zu lösen, auch die feinen Zwi-
schenwirbel- und Zwischenrippenmuskeln. Spannungen des Schulter-
gürtels schütteln sich durch das Wippen und die dabei intensivere Atmung locker. Die Hände bewegen sich unwillkürlich mit. Wenn Sie entspannt wippen erfährt der Kopf eine kleine Nickbewegung. Der Atem
fließt schubweise ein und aus. Geben Sie dabei ruhig einen Ton von sich.

Wippen Sie weiter und balancieren von einem Bein auf das andere (Foto 4). Dabei fällt der Oberkörper zur Seite. Lassen Sie den Arm hängen, der Kopf fällt zur gleichen Seite herunter. Stellen Sie sich vor, Sand oder überflüssige Gedanken rieseln aus Ihren Ohren heraus. Wiegen Sie beim Wippen langsam von einer Seite zur anderen, nehmen währenddessen tiefe Atemzüge. Es bleibt Ihnen überlassen, wie kräftig Sie wippen. Je kräftiger das Wippen ist, desto anregender ist die Wirkung. Balancieren Sie wieder in die Mitte zurück.

Nun federn die Fersen vom Boden ab. Wenn sie zum Boden zurückkehren, rollen Sie von den Zehenspitzen bis zur Ferse den Fuß zurück. Federn Sie so hoch wie Sie wollen. Die Füße sollten sich beim Aufsetzen in den Zehen weich anfühlen.

Vor dem Einschlafen empfiehlt es sich, langsam zu wippen und die Fersen auf dem Boden zu lassen. Da das Denken für den Moment aufhört, führt der angeregte Atem zu vermehrtem Gähnen.

Foto 4

2.4 Pendel

Sie befinden sich in der Grundstellung und stellen sich vor, Sie trügen ein
Buch auf dem Kopf. So bleibt der Oberkörper aufrecht. Bei minimalem
Wippen in den Knien heben Sie die Arme in die Luft (Foto 5) und lassen
beide gleichzeitig im Bogen nach vorne schwingen. Sie schwingen weit
hinter Ihren Rücken (Foto 6) und nach vorne zurück. Bei jeder Vor- und
Rückbewegung wippen Sie in den Knien. Das Gewicht der Arme wirkt
wie ein Pendel, Sie benötigen für das Fallenlassen keine Muskelanspannung. Nehmen Sie die Dehnung in den Schultergelenken wahr. Der
Oberkörper streckt sich mehr, wenn die Arme hoch fliegen. Das Einatmen unterstützt die Bewegung der Arme von hinten nach vorne. Das
Fallen der Arme von vorne nach hinten wird von der Ausatmung begleitet, seufzen Sie kräftig. Lassen Sie die Arme auspendeln und beenden
das Wippen in den Knien, bleiben darin jedoch gebeugt.

Foto 5

Foto 6

2.5 Schwingen

Aus der Grundstellung heraus schwingen Sie die Arme in der Drehung der Wirbelsäule, der Rotation, um den Körper herum. Wenn die Arme vollkommen entspannt sind und sich im Ruhetonus befinden, schlagen sie gegen den Rumpf (Foto 7). Der ganze Körper dreht sich praktisch um die eigene Achse, der Kopf dreht sich nach hinten mit. Schwingen Sie zurück, nachdem die Arme Ihren Körper berührten. Bei der Drehung fliegen die Arme weit nach außen (Foto 8).

Bei Beschwerden in den Bandscheiben sollte die Rotation zunächst nicht zu weit ausgeführt werden, denn Sie sorgt für eine Dehnung der Zwischenwirbelmuskeln der Lendenwirbel, die bei einem Bandscheibenvorfall oftmals sehr verspannt sind. Spüren Sie, wie weit Sie drehen wollen. Sie sind Ihr eigener Maßstab. Es kann bei jedem Üben anders aussehen. Vergessen Sie nicht zu atmen. Es gibt hier keine systematische Atmung, beobachten Sie die Atembewegung. Spannungen aus den Schultergelenken lösen sich während der Drehung.

Foto 7

Foto 8

2.6 Freiräume schaffen

Sie haben zuvor die Rotation der Wirbelsäule im Zusammenhang mit
dem Schwung der Arme ausgeführt. Schwingen Sie zurück in die Grundstellung.

Das Schwingen der Arme geschieht bei gelöstem Muskeltonus. Es wird
durch das Eigengewicht der Arme verursacht.

Die geführte Bewegung der Arme löst das Schwingen ab. Drehen Sie die
Handflächen nach außen. Ziehen Sie die Arme wechselseitig im großen
Bogen vor dem Brustkorb zur Seite (Foto 9). Bei jeder Seitbewegung
atmen Sie aus, das Einatmen geschieht während Sie die Arme wechseln.
Stellen Sie sich vor, Sie würden mit Kraft einen Vorhang öffnen, Sie
wischen etwas weg oder fegen den Schreibtisch leer (Foto 10).

Foto 9

Foto 10

Es gibt überall etwas zum Wegwischen, dass heißt Sie drehen sich nach allen Seiten, beugen sich nach unten, um den Staub unter den Teppich zu kehren (Foto 11). Spüren Sie aufmerksam in die Dehnung des Rückens hinein. Das Ausatmen kann mit einem Ton unterstützt werden.

Sie haben alles vermeintlich Störende um Sie herum beseitigt, der gesamte Körper wurde weich bewegt.

Die Gegenbewegung zu dieser Wegbewegung ist das Heranziehen. Strecken Sie sich bis in die Zehenspitzen, greifen Sie nach den hellsten Sternen oder den dicksten Pflaumen (Abb. 23). Die hängen bekanntlich am Höchsten. Ziehen Sie sich von allen Seiten, auch von hinten, mit der Rotationsbewegung heran, was Sie benötigen, um sich Ihr Umfeld angenehm zu gestalten.

Abb. 23

Beugen Sie den Oberkörper bei weichen Knien und geöffneten Beinen nach vorne.

Ziehen Sie mit Kraft einen schweren Schatz, befestigt an einem dicken Hanfseil, aus dem Silbersee (Foto 12). Bei jedem Kraftzug atmen Sie im Wechsel ein und aus, dehnen und kräftigen Sie die Lendenwirbel.

Foto 11

Foto 12

2.7 Rücken rollen

Lassen Sie den Oberkörper hängen, der schwere Kopf zieht ihn nach unten. Der Nacken ist gedehnt und die Arme hängen schlapp herunter. Sie berühren gegebenenfalls den Boden. Der Atemrhythmus beruhigt sich nach ausgiebiger Bewegung vorher. Weiche Knie sorgen dafür, dass die stark gedehnten Lendenwirbel keine Haltefunktion übernehmen (Abb. 24). Der Oberkörper lastet auf den Oberschenkeln. Schwingen Sie die Arme zur Streckung der Wirbelsäule leicht hin und her.

Rollen Sie die Wirbelsäule, vom unteren Ende an, nach oben Wirbel für Wirbel auf, zuerst die Lendenwirbel- dann die Brustwirbelsäule. Daran schließt sich der gelöste Schultergürtel an. Der Kopf hebt sich als letztes Körperteil in die Senkrechte.

Achtung: Hier kann leichter Schwindel entstehen, denn der Blutkreislauf kehrt in die normale Richtung zurück. Es ist viel Blut in den Kopf geflossen. Nehmen Sie sich Zeit.

Abb. 24

Wie eine Marionette bewegen sie sich lose in allen Gliedern und Gelenken.

2.8 Schwungkoordination

Sie stehen in der Grundstellung. Damit der Oberkörper gerade bleibt, tragen Sie in der Vorstellung den Hut oder das Buch auf dem Kopf. Heben Sie beide Arme in die Luft (Abb. 25). Lassen Sie den einen Arm nach vorne, den anderen gleichzeitig nach hinten fallen (Abb. 26). Es pendeln beide Arme gegenläufig vor und zurück. Der Atem strömt aus, wenn die Arme fallen. Wenn das Gewicht wirklich fällt und der Muskeltonus gelöst ist, schwingen sie so hoch, dass die Hände über dem Kopf zusammenklatschen. Hier haben Sie tief eingeatmet. Führen Sie diesen Schwung so lange aus, bis er sicher sitzt. Sie stellen fest, dass die Wirbelsäule rotieren will. Drehen Sie also den Brustkorb beim Fallen der Arme mit und schauen im Wechsel von rechts nach links (Foto 13 u. 14).

Abb. 25   *Abb. 26*

Foto 13

Foto 14

Foto 15

Die Hände lassen sich immer noch über dem Kopf zusammenschlagen (Foto 15). Jedesmal wenn die Arme fallen gehen Sie leicht in die Knie. Wenn die Hände über dem Kopf zusammenkommen, sind Sie vollkommen gedehnt und ausgestreckt.
Verlieren Sie nicht die Geduld, wenn am Anfang die nötige Koordination ausbleibt. Sie wissen doch: Übung macht den Meister.
Schwingen Sie langsam aus und kommen in die Grundstellung zurück.

Achtung: Es kann bei der Drehbewegung des Kopfes leichter Schwindel entstehen, wenn die Bewegung neu für Sie ist. Finden Sie das richtige Tempo heraus. Zudem sind Sie möglicherweise nicht daran gewöhnt, so viel Sauerstoff zu tanken.

3. Vom Fuße bis zum Kopfe

Mit den Lockerungsübungen wurde der gesamte Körper in seiner Ganzheit bewegt. Jetzt arbeiten Sie jedes Gelenk von unten nach oben im Einzelnen durch.

3.1 Füße treten und kneten

Stellen Sie die Füße in Schrittstellung auf. Das hintere Knie ist leicht gebeugt. Das Körpergewicht lastet auf dem vorderen Fuß (Abb. 27). Stoßen Sie sich mit diesem Fuß vom Boden ab und fallen sofort zurück auf denselben. Fallen lassen bedeutet hier, dass Sie das Körpergewicht in aufrechter Haltung auf die Zehenspitzen geben, wodurch sich der Fuß bis zur Ferse abrollt. Atmen Sie dabei weiter. Wiederholen Sie dieses Abfedern immer wieder, kneten Sie den Fuß von allen Seiten durch. Beugen Sie die Zehengelenke sanft vor und zurück (Foto 16). Stellen Sie sich vor, Sie würden Weintrauben auspressen oder Brotteig kneten. Vergessen Sie die Innen- und Außenkanten des Fußes nicht (Foto 17). Stellen Sie nach Beendigung der Übung diesen Fuß neben

Abb. 27

den anderen, damit Sie beide miteinander vergleichen können. Der Fuß sollte platt und warm sein. Die Auflagefläche auf dem Fußboden hat sich vergrößert. Erhöhte Standfestigkeit ist das Resultat. Vielleicht spüren Sie in ihm auch ein leichtes Kribbeln. Wiederholen Sie diese Massage mit dem anderen Fuß. Stellen Sie fest, ob sich sein Zustand am Ende der Übung an den des anderen Fußes angepasst hat.

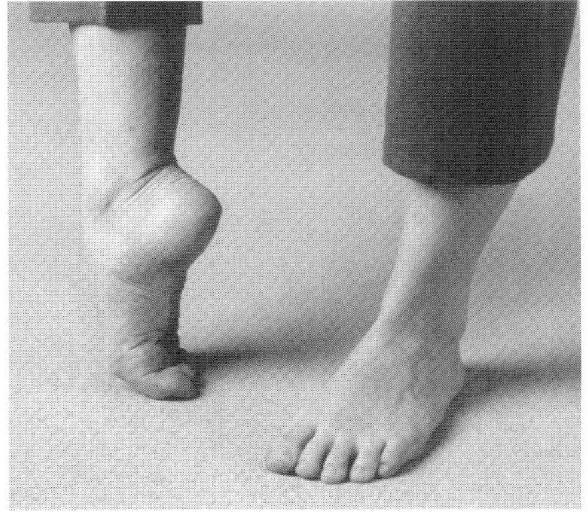

Foto 16

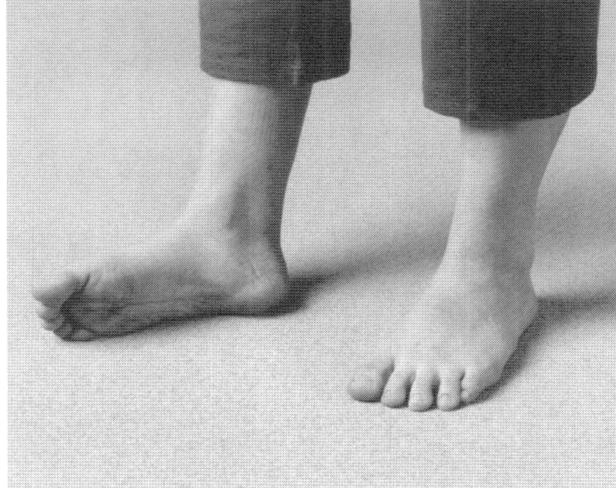

Foto 17

Gehen Sie durch den Raum und genießen
dieses neue Fußgefühl. Lassen Sie sich von
ihm tragen.

3.2 Beinbalance

Balancieren Sie auf einem Bein (Knie gebeugt), während Sie das andere Bein langsam vor- und zurückführen. Mit den Armen
halten Sie das Gleichgewicht, es sollte al-
lerdings so wenig Anspannung wie möglich in ihnen sein. Bei starker Instabilität
nehmen Sie zunächst die Wand als Halt
zu Hilfe. Wenn Sie die Beine bewegen brauchen Sie normalerweise die Arme nicht.
Viele Körperglieder können unabhängig
von anderen Gliedern genutzt werden.
Bei nach hinten gestrecktem Bein neigt
sich der Oberkörper nach vorne (Abb. 28).
Hier atmen Sie aus. Er neigt sich nach
hinten, wenn das Bein nach vorne schwingt
(Abb. 29). Das Einatmen verhilft
jetzt dazu, labiles Gleichgewicht
aufrecht zu halten. Der Schultergürtel bleibt gelöst.

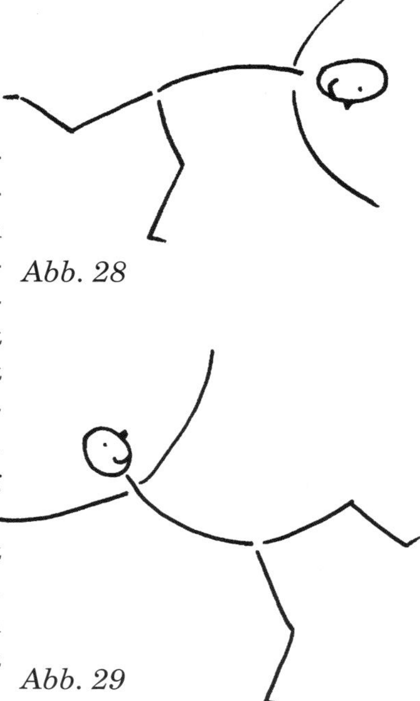

Abb. 28

Abb. 29

Aufrecht stehend balancieren Sie
auf einem Bein, das andere kreist in
einem Bogen auswärts. Das rechte
Bein dreht sich im Uhrzeigersinn,
das Linke gegen denselben (Foto 18).
Der Fuß ist leicht nach außen gedreht. Ihre Leisten öffnen sich dadurch. Wenn Sie nicht atmen, ver-
härtet sich die Muskulatur. Der
Körper verliert seine Geschmeidigkeit und damit die Reaktionsfähig-
keit. Atmen Sie weiter und erhalten
damit das natürliche, labile Gleichgewicht.

Bevor Sie in die Grundstellung zurückkehren, schütteln Sie sich
durch.

Foto 18

3.3 Beckenbewegungen

Das Becken ist wie eine Obstschale. Kippt man die Schale nach vorne, fällt das Obst vorne heraus (Abb. 30a), kippt man die Schale nach hinten, könnte das Obst hinten herausfallen, wäre dort nicht die Begrenzung durch das Steißbein (Abb. 30b). Sie befinden sich im Hohlkreuz, wenn das Obst vor Ihnen liegt. Der Rücken ist flach, wenn Sie das Obst nicht sehen können, weil es hinter Ihnen liegt.

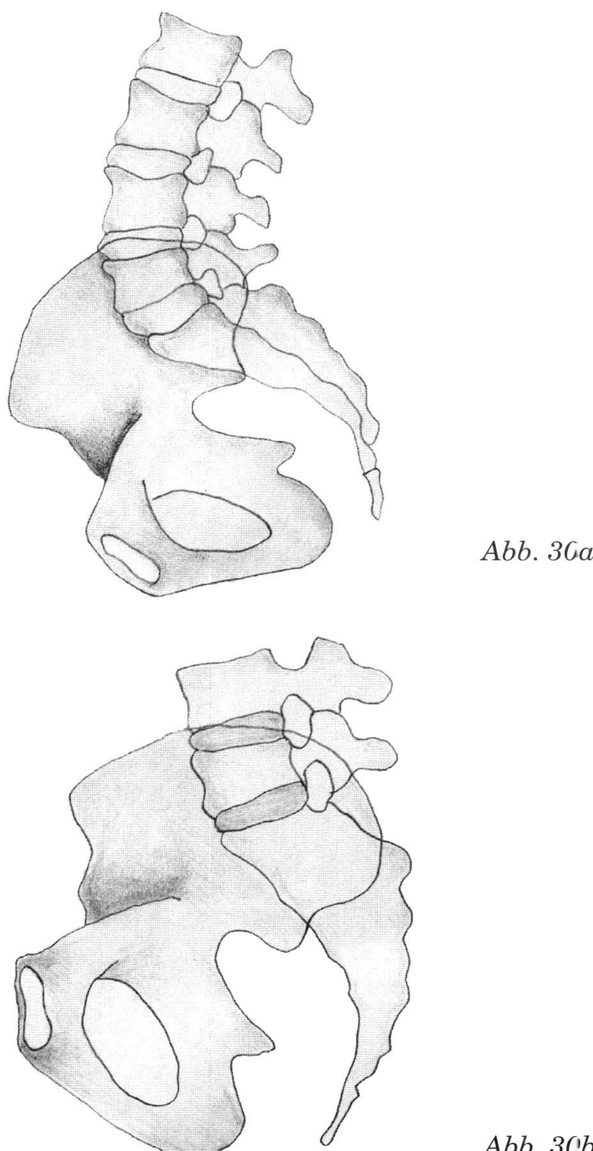

Abb. 30a

Abb. 30b

Bewegen Sie das Becken vor und zurück. Voraussetzung sind leicht gebeugte Knie. Testen Sie Ihre Beweglichkeit in den Lendenwirbeln. Der Bauchnabel und die Schultern bewegen sich nicht mit, das Becken ist in seiner Bewegung unabhängig. Bilden Sie also einen Flach- und anschließend ein Hohlrücken (Foto 19 u. 20). Der Rhythmus des Beckenkippens ist bewusst langsam, damit der Atem nicht unterbrochen wird.
Halten Sie die Gesäßmuskeln bei allen Beckenbewegungen locker.

Lassen Sie das Becken in großem Bogen sowohl rechts- als auch linksherum kreisen. Die Wirbelsäule vom Bauchnabel an nach oben kreist nicht mit. Auch die Knie bleiben unbewegt. Die Bewegung findet nur in den Lendenwirbeln statt. Es wird eine Drehrichtung geben, die Ihnen leichter fällt. Die Ursachen dafür sind vielfältig. Vielleicht ist ein Bein länger als das andere, Sie haben einen Beckenschiefstand oder Sie stehen statisch mit einem Standbein und einem Spielbein.

Schreiben Sie eine liegende Acht in die Luft (Abb. 31), das Zeichen für Unendlichkeit, die sogenannte Lemniskate. Ziehen Sie mit dem Becken die Linien der liegenden Acht nach. Achten Sie darauf, dass der Schnittpunkt wirklich in der Mitte zwischen den Beinen liegt.

Abb. 31

Foto 19

Foto 20

Eine letzte Beweglichkeitsübung ist das Twisten. Dabei wird das Becken im Wechsel rechts und links hochgezogen (Foto 21).

Sämtliche Beckenbewegungen sind mit weichen Knien ausgeführt worden. Wiederholen Sie die gleichen Bewegungen anschließend mit stark durchgedrückten Knien. Also kippen Sie das Becken vor und zurück, kreisen und twisten es und führen die liegende Acht durch. Es ist festzustellen, dass Ihre Flexibilität erheblich eingeschränkt ist. Der ganze Körper verliert seine Nachgiebigkeit.
Haben Sie aus beruflichen Gründen viel zu stehen, empfiehlt es sich folglich, die Knie leicht gebeugt zu halten. So ist das Becken in seiner Bewegung nicht blockiert, und die Wirbel können sich gelöst auf ihm aufbauen. Der Atem fließt tiefer in die Körpermitte.

Foto 21

3.4 Taumeln

Kreisen Sie mit dem Becken in großem Bogen. Der Oberkörper kreist wie
ein Korkenzieher natürlich mit. Er fällt über die Seite nach vorne (Foto
22) und zur gegenüberliegenden Seite. Dort kommt die Wirbelsäule wieder in die Senkrechte (Foto 23). Die Arme hängen lose vor dem Körper
und baumeln bei jeder Bewegung mit. Mühelos fließt der Atem aus, wenn
der Oberkörper nach vorne sinkt, wenn er zur Seite taumelt und sich zur
Senkrechten aufrichtet, strömt der Atem ein. Die Füße bleiben fest auf
der Erde.

Das Taumeln geschieht fließend, denn es benötigt lediglich das Hängen-
lassen des oberen Rückens, Nackens und Kopfes. Da sich die geistige
Aktivität beruhigt und Ruhe eintritt, kann der Atem ungehindert in die
sich dehnende Rippenmuskulatur einströmen. Ausgiebiges Gähnen ist
die Folge.

Foto 22

Foto 23

3.5 Vogel flieg!

Bei dieser Atemübung werden die Zwischenwirbel- und Rippenmuskeln besonders entspannt. Stellen Sie sich vor Ihre Arme seien die Flügel eines Vogels, die Sie in Höhe der Schultergelenke zur Seite ausspannen (Foto 24).

Beugen Sie mit der Ausatmung den Oberkörper nach vorne und umschließen Sie den Kopf lose mit den Armen (Foto 25). Atmen Sie ein, wenn Sie in die Senkrechte zurückkehren, atmen Sie aus, während Sie sich gleich wieder beugen. Der Ablauf geschieht ohne Unterbrechung. Stellen Sie sich einen gleitenden Vogel vor, der die Flügel öffnet und schließt.

Beenden Sie Ihren Flug, indem Sie den Oberkörper herabhängen, und die Arme leicht hin und her schwingen lassen. Ihre Aufmerksamkeit wandert in die Dehnung im Rücken. Atmen Sie tief dort hinein. Die Knie sind ständig sanft gebeugt (siehe Abb. 24, S. 39).

Der Rücken wird langsam Wirbel für Wirbel nach oben hin aufgerollt. Achten Sie darauf, dass Schultergelenke, Arme, Nacken und Kopf bis zuletzt herunterhängen. Nehmen Sie sich viel Zeit.

Foto 24

Foto 25

3.6 Die Wasserfontäne

Mit der letzten Übung aus der Grundstellung heraus wird der Brustkorb
geöffnet und geweitet. Ziehen Sie während des Einatmens den linken
Arm im großen Bogen von vorne über den Kopf nach hinten (Foto 26).
Beschreiben Sie mit ihm einen großen Kreis. Sie atmen aus, wenn der
Arm nach hinten herunter gleitet. Verfolgen Sie die Hand mit Ihren
Augen (Foto 27). Beschreiben Sie einen Kreis mit dem linken Arm, be-
schreiben Sie den folgenden mit dem rechten. Wechseln Sie ohne Unter-
brechung den Arm, wenn ein Kreis beendet ist. Schauen Sie der Hand
hinterher, damit sich die Halsmuskulatur dehnt. Weiten Sie dabei die
jeweilige Brusthälfte leicht nach hinten. Stellen Sie sich vor, Sie seien
eine Wasserfontäne. Sie speien das Wasser nach oben. Geben Sie den
Impuls zum Heben des Armes mit einem leichten Wippen in den Knien.
Wiederholen Sie diese Kreisbewegungen einige Male mit veränderter
Geschwindigkeit. Ziehen Sie den Arm weit nach oben, so dass sich die
Zwischenrippenmuskeln mit dem Brustbein weiten.
In der Grundstellung bewegen Sie sich sanft durch. Fühlen Sie die Wär-
me und das Kribbeln in Ihren Händen, wenn das Blut dorthin zurück-
fließt.

Foto 26

Foto 27

4. Sitzen

4.1 Zum Sitzen kommen

Das alltägliche „zum Sitzen kommen" ist des Übens wert. Sie benötigen dazu ausschließlich Ihre Beine. Die Arme hängen an der Seite des Körpers herunter. Während der Ausatmung beugen Sie ein Knie und lassen sich auf das andere Knie herunter (Abb. 32). Der Fuß ist vorne aufgestellt, die Wirbelsäule verbleibt kerzengerade. Sie ziehen den aufgestellten Fuß nach hinten. Ohne die Balance zu verlieren, knien Sie sich auf das zweite Knie. Leichtes Schwanken im Oberkörper ist jedoch normal. Der Rücken ist etwas gehöhlt (Abb. 33). Setzen Sie sich während der Ausatmung, in der senkrechten Achse verweilend, auf die Füße. Der Rücken ist jetzt flach (Abb. 34). Probieren Sie es mal mit einem Buch auf dem Kopf!

Sie sparen sehr viel Energie, wenn Sie beim Hinsetzen vermeiden den Oberkörper weit nach vorne zu beugen. Sie kräftigen zudem die Oberschenkelmuskulatur, die Sie beim Herabsinken kraftvoll anspannen müssen.

Sie bewegen sich auf die gleiche Art nach oben. Die Arme hängen seitlich herunter. Atmen Sie aus, wenn Sie das Becken abheben, Sie atmen aus, wenn Sie den Fuß in den Boden drücken, um ins Stehen zu gelangen. Nutzen Sie den Kraftschub der Ausatmung. Wiederholen Sie das Auf und Ab einige Male.

Bei schwacher Becken- und Beinkonstitution fehlt die Kraft in den Oberschenkeln, die für die Auf- und Abbewegung nötig ist. Ist dieses der Fall, stützen Sie sich auf den sich anwinkelnden Oberschenkel mit den Armen ab (Abb. 35). Ziel sollte sein, ohne Hilfe der Arme diesen Bewegungsablauf auszuführen.

Abb. 32   Abb. 33   Abb. 34   Abb. 35

Die drei folgenden Übungen bauen aufeinander auf und können am Besten im Zusammenhang verstanden werden. Die Übung „Seitsitz mit Wende über den Rücken" schließt die Übungen „Glockenschlägel" und „Seitsitz mit Wende" ein.

4.2 Glockenschlägel

Sie sitzen auf den Fersen. Der Rücken ist senkrecht aufgerichtet (siehe Abb. 34, S. 51). Schieben Sie, wenn Sie keine Beschwerden in den Kniegelenken haben, das Becken neben die Füße. Stellen Sie die Beine rechtwinkelig auf den Boden. Die Hände sind hinter dem Rücken auf dem Boden aufgelegt, ohne dass das Gewicht des Rückens vollkommen dort hineingelehnt wird (Abb. 36). Die Ellenbogen sind weich und biegsam. Sie haben freie Beweglichkeit in den Knien. Diese lassen Sie mit deren Eigengewicht, eines nach dem anderen zu einer Seite heruntergleiten. Bitte nicht ruckartig fallen lassen. Sie lenken sie behutsam ohne jegliche Kraftanstrengung (Foto 28). Heben Sie das obere Knie und führen es auf die andere Seite (Foto 29). Dabei öffnet sich der Schritt vollständig und es zieht in den Hüftbeugemuskeln, zwischen den Oberschenkeln (Abb. 37). Der Bauchnabel bleibt in der Mitte. Es gibt einen Moment der Beckenöffnung, bei dem das Eigengewicht des ersten Knies das zweite Knie nach sich zieht. In diesem Moment rollt der Beckenboden von einer Seite auf die andere. Stellen Sie sich hierbei vor, Ihre Knie seien die Schlägel der Glocken des Kölner Doms. Diese schlagen schwer und behäbig an den Glockenrand.
Beide Knie liegen nun auf einer Seite (siehe Foto 28, S. 53). Die Lendenwirbelsäule ist in sich gedreht. Sie wechseln die Knie von einer Seite zur anderen, das Eigengewicht der Beine nutzend, Ihre maximale Beckenöffnung durchschreitend. Am Anfang bleibt der Blick nach vorne gerichtet, er dreht sich später in die Gegenrichtung der Knie (Abb. 38).

Abb. 36   Abb. 37   Abb. 38

Foto 28

Foto 29

Schließen Sie unmittelbar die Übung „Seitsitz mit Wende" an.

4.3 Seitsitz mit Wende

Sie sitzen im Seitsitz, die Arme stützen den Rumpf auf einer Seite (Abb. 39) ab.

Lösen Sie die Arme vom Boden und führen die Drehung der Beine mit Hilfe schwingender Arme durch, so dass sich Arme und Beine gleichzeitig in dieselbe Richtung bewegen (Foto 30 u. 31). Sie verdrehen die Wirbelsäule so weit, wie es Ihnen möglich ist, auch der Kopf dreht sich mit. Beide Arme werden auf einer Seite als Stütze für den Oberkörper aufgestellt. Versuchen Sie mit dem Blick Ihre Füße zu finden (Foto 32). Wenn Sie die

Abb. 39

Füße sehen wollen, müssen Sie die Rotation vollständig ausführen und weit nach hinten schauen. Bleiben Sie einen Moment in dieser Verdrehung und beobachten Ihren Atemfluss.

Lösen Sie die Rotationshaltung auf. Die Arme heben sich vom Boden ab und schwingen vor Ihrem Körper zur anderen Seite. Hier nutzen Sie den Impuls der Einatmung. Wenden Sie gleichzeitig die Knie mit Zuhilfenahme des Eigengewichtes und der maximalen Schrittöffnung. Sie führen die Rotation zur anderen Seite aus (siehe Foto 30 u. 31, S. 54 u. 55).

Es braucht Geduld, bis der Körper diese Koordination verstanden hat. Mit der Zeit werden Sie immer weicher. Verlieren Sie nicht den Mut, weil es beim ersten Mal etwas holpert.

Jedes Mal wenn die Arme sich öffnen wird eingeatmet, denn der Brustkorb weitet sich. Das Ausatmen geschieht mit zunehmender Verdrehung. Wenden Sie sich einige Male hin und her.

Kommen Sie auf der Seite sitzend zur Ruhe. Sie stützen sich mit beiden Händen auf. Eine Hand stützt Sie seitlich, die andere Hand gibt Ihnen vor dem Oberkörper halt. Lassen Sie sich mit Hilfe der Stützkraft der Arme auf die Seite herunter (Foto 33).

Foto 30

Foto 31

Foto 32

Foto 33

Sie geben in den Ellenbogen nach, so dass das Körpergewicht des Oberkörpers Sie zum Boden zieht. Dabei wird ausgeatmet. Der untere Arm ist lang ausgestreckt, der Kopf liegt entspannt auf ihm (Foto 34). Gönnen Sie sich einen Moment der Ruhe.

Foto 34

4.4 Seitsitz mit Wende über den Rücken

Sie liegen auf der Seite, beide Beine sind angewinkelt. Drücken Sie den oberen, freien Arm in den Boden. Mit dem Impuls der Ausatmung stoßen Sie sich nach oben ab. Dabei streckt sich das oben liegende Bein etwas in die Länge (siehe Foto 33, S. 55). Es ist der gleiche Bewegungsweg hinauf, wie hinunter. Sie sitzen nun seitlich (siehe Abb. 39, S. 54). Rotieren Sie auf die andere Seite, wie es oben beschrieben wurde. Dort lassen Sie sich mit Hilfe der Arme in die Seitlage zu Boden zurück. Sie liegen auf der anderen Seite. Diese Wendung wiederholen Sie einige Male, dabei kommen Sie im Wechsel rechts und links in die Seitlage (siehe Foto 34).

Jede Bewegung fühlt sich anders an und sieht anders aus. Es gibt niemals zwei Mal die gleiche Bewegung. Fühlen Sie sich so weich wie Schokoladenpudding und doch in sich fest.

Um die „Runde" zu vervollständigen, rollen Sie von der Seitlage mühelos, denn das Körpergewicht zieht Sie nach unten, auf den Rücken. Dazu geben Sie mit dem stützenden Arm durch leichten Druck in den Boden den Bewegungsimpuls (Foto 35). Der Kopf rollt sich über den Boden. Sie bleiben nicht auf dem Rücken liegen, sondern rollen gleich weiter zur anderen Seite. Sind Sie dort angekommen, drücken Sie sich sofort mit der Hand und der Ausatmung zum Seitsitz zurück. Im Sitzen legen Sie die Beine auf die andere Seite, die Arme schwingen dabei mit. Stützen

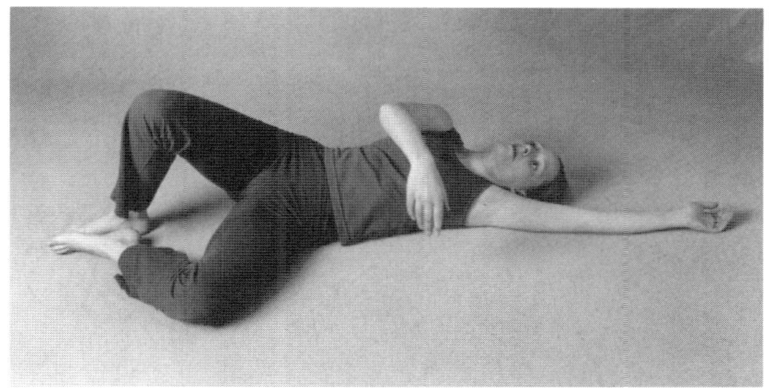

Foto 35

Sie sich auf und kommen wieder auf der Seite zum Liegen.

Diese „Runde" wiederholen Sie so oft, bis sie ins Fließen gerät. Drehen Sie sich einmal rechts herum, dann links herum. So wird die Muskulatur gleichmäßig beansprucht. Hören Sie dem Atem zu. Atmen Sie ein, wenn die Arme weit sind. Finden Sie eine wohltuende Geschwindigkeit. Wenn Sie gähnen müssen, werden Sie im Tempo langsamer, haben Sie gerade viel Energie, steigt Ihre Dynamik. Je sicherer Sie in der Koordination werden, desto leichter können Sie den Bewegungsrhythmus ändern. Mit dieser Bewegung können Sie ohne Anstrengung aus dem Bett aussteigen, mal das rechte, mal das linke Bein benutzend.

4.5 Entspannung

Diese Entspannung dient dazu, den verwrungenen Rücken der Länge nach zu dehnen.
Rollen Sie sich auf den Rücken. Ziehen Sie die Knie leicht an die Brust. Die Schultern bleiben vollkommen gelöst (Abb. 40).

Abb. 40

Sie atmen in den Bauch hinein. Ihre Aufmerksamkeit ist auf die Lendenwirbel gerichtet, die sich in einer starken Dehnung befinden. Bei der Einatmung dehnt sich dieser Teil des Rückens besonders aus, denn im Bauchraum ist der Raum für den Atem eingeschränkt. Verweilen Sie einige Zeit so atmend. Entledigen Sie sich jeglicher Anspannung im Rücken.

Erweiternd ziehen Sie bei der Ausatmung die Knie sanft zur Brust, die Reserveluft strömt aus. Bei normaler Atmung bleibt immer Restluft in den Lungen. Diese Luft wird jetzt mit ausgeatmet. Beim Einatmen entspannen Sie die Beine leicht nach oben. So fließt der Atem tief in die Körpermitte.

5. Rückenlage

Die Übungen der „Drehlage Teil I und Teil II" und die „Drehlage verbunden mit dem Seitsitz" bauen aufeinander auf. Die „Drehlage verbunden mit Seitsitz" verstehen Sie, wenn Sie den „Seitsitz mit Wende" (siehe Seite 54) ausgeführt haben. Beim wiederholten Üben wissen Sie, was der Seitsitz ist.

5.1 Drehlage Teil I

Sie liegen auf dem Rücken. Stellen Sie die Füße im rechten Winkel auf dem Boden auf. Die Arme sind zur Seite ausgebreitet (Abb. 41). Spüren Sie die Auflagefläche des Beckens auf dem Boden. Zwischen dem unteren Ende der Rippenbögen und dem Beckenboden befindet sich eine Höhlung, die so groß ist, dass Sie eine Hand darunter schieben können. Die Lendenwirbelsäule hat keinen Kontakt zum Boden.
Stellen Sie sich vor, Ihre Beine seien die Schlägel einer großen Glocke, die rechts und links am Glockenrand anschlagen (siehe Seite 52).
Lassen Sie im Liegen die Knie, eines nach dem anderen, zur Seite herunter, bis sie auf der Seite zum liegen kommen (Abb. 42). Verwenden Sie hierbei das Prinzip der Gewichtsverlagerung der Oberschenkel. Auf der Seite liegend lösen Sie Spannungen in den Lendenwirbelmuskeln. Geben Sie sich durch vertieftes Ausatmen der Dehnung hin.

Abb. 41   Abb. 42

Heben Sie jetzt das obere Knie an, und führen es langsam zur anderen Seite (Foto 36). Diese vollständige Öffnung führt zu einer Dehnung der inneren Hüftbeugemuskeln (Foto 37). Lassen Sie den Fuß bei der Wende auf dem Boden stehen. Wenn die Gewichtsverlagerung stattfindet, zieht mühelos das zweite Knie mit. Wechseln Sie die Knie von einer Seite zur anderen wie Wackelpudding, den Sie von einer Schale in die nächste schütten. Die Rotation in der Wirbelsäule wird Ihnen immer leichter fallen.

Beobachten Sie, ob Ihre Finger gelöst sind. Fühlen Sie dort Anspannung, so ist der Schultergürtel gespannt. Sie atmen nicht und sind zu sehr konzentriert. Lösen Sie sich durch kleine Zwischenbewegungen, durch das Fortsetzten der Atmung und kehren in den Bewegungsablauf zurück. Gerade in dieser Bewegung wird zu Beginn häufig die Luft angehalten, wenn die Bewegung der Beine durch Muskelanspannung im Oberschenkel geschieht, statt mit deren Gewichtsverlagerung.

Sie liegen mit zur Seite locker angewinkelten Beinen (siehe Abb. 42, S. 59). Die Rotation der Wirbelsäule vervollständigt sich, wenn Sie den Kopf auf die gegenüberliegende Seite der Beine legen. Die Knie liegen links, der Kopf ist nach rechts gedreht (Foto 38). Da die Zwischenrippenmuskeln sehr gedehnt sind, entsteht das Bedürfnis zu gähnen oder tief zu atmen. Streichen Sie die gedehnten Zwischenrippenmuskeln mit den Fingerspitzen der gegenüberliegenden Hand aus (Foto 39).

Wiederholen Sie diese Drehlage so oft, wie Sie wollen. Der Kopf dreht sich in die Gegenrichtung. Lassen Sie zunächst die Füße auf dem Boden stehen.

Foto 36

Foto 37

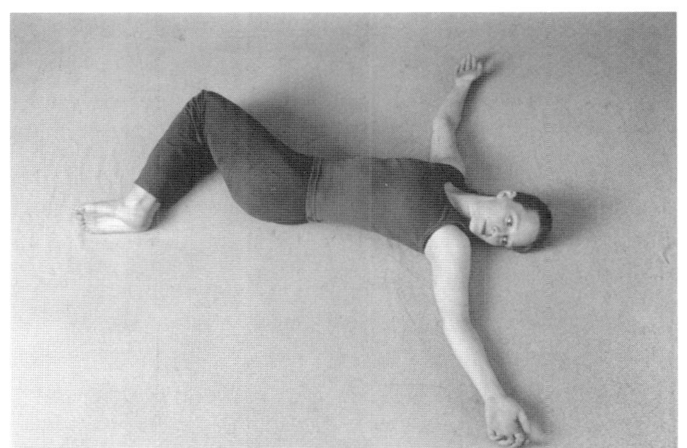

Foto 38

Foto 39

Foto 40

Erweiternd führen Sie die Füße durch die Luft, die Beine stehen im rechten Winkel zum Rumpf, die Kniegelenke sind gelöst (Foto 40). Wenn Sie die Beine in die Senkrechte heben, atmen Sie ein. Wenn Sie sie ablegen, verdreht sich der Körper, Sie atmen aus.

Durch Abheben der Füße vom Boden verringert sich der Winkel zwischen dem Becken und den Oberschenkeln, was die Rotation verstärkt. So fühlen Sie sich wie eine gekochte Spiralnudel, wenn Sie die Knie näher zu sich heranziehen. Je spitzer der Winkel zwischen dem Becken und dem Oberschenkel ist, desto ausgeprägter ist diese Rotation (Abb. 43).

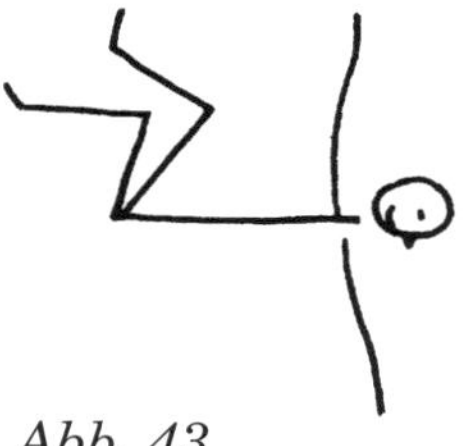

Abb. 43

5.2 Drehlage Teil II

Im Teil II der Drehlage wird die „Seitlage" in die Bewegung eingegliedert. Damit der Rücken zwischendurch gestreckt wird, rollen Sie auf ihn zurück. Ziehen Sie die Knie an die Brust, ohne den Bauch einzudrücken (siehe Abb. 40, S. 57) und atmen in den gestreckten Rücken hinein. Legen Sie die Knie auf der Seite ab. Der Kopf ist in Gegenrichtung gedreht (siehe Foto 38, S. 61). Die Arme sind wie Flügel ausgebreitet.
Jetzt führen Sie den Arm, zu dem Sie gerade schauen, senkrecht durch die Luft, bis Sie ihn auf dem anderen Arm ablegen (Foto 41). Der Blick verfolgt diesen Bewegungsweg bis zu seinem Ende. Lassen Sie das Gewicht des Rumpfes mit hinüberfallen. Alle Glieder zeigen vollkommen gelöst zu einer Seite (Foto 42). Zunächst heben Sie den oberen Arm wieder senkrecht in die Höhe, gefolgt von Ihrem Blick (siehe Foto 41). Atmen Sie beim Öffnen des Brustraumes ein. Sie legen ihn auf der

Foto 41

Foto 42

anderen Seite ab. Durch den Zug des eigenen Körpergewichtes folgt ein Knie nach dem anderen. Wenn die Knie die Seite wechseln, dehnen Sie den Schritt (siehe Foto 37, S. 61). Der Kopf dreht sich während der Beinbewegung zur anderen Seite, sucht die Hand und wendet sich gemeinsam mit derselben auf die Seite, auf der die Knie liegen. Sie liegen wieder vollkommen auf der Seite (siehe Foto 42).

Der Atem fließt ein, wenn Arme und Beine sich heben, er strömt aus, wenn Sie auf der Seite zusammengefaltet liegen. Dort atmen Sie in Ruhe weiter. Diese Drehlage wiederholen Sie einige Male.

Erweiternd heben Sie die Beine an. Führen Sie sie durch die Luft (siehe Foto 40). Verändern Sie den Rhythmus und die Geschwindigkeit des Bewegungsablaufes ganz nach Ihrem Belieben. Es entwickelt sich eine Vielfalt von Bewegungsmöglichkeiten, die Sie erfreuen wird.

5.3 Drehlage verbunden mit Seitsitz

Sie verbinden die „Drehlage Teil I und II" mit dem „Seitsitz mit Wende".
Die Bewegungsebenen des Sitzens und Liegens werden spielerisch miteinander verbunden:
Aus der Seitlage (siehe Foto 34, S. 56) drücken Sie sich mit den Armen nach oben ab. Vergessen Sie nicht den Impuls der Ausatmung zu nutzen. Im Sitzen drehen Sie sich zur anderen Seite. Kommen Sie in die Seitlage, von der Sie sich mit Hilfe der „Drehlage" zur anderen Seite bewegen.
Achtung: Der Kopf rollt über den Boden. Es gibt keine Spannung im Nacken.
Sie können sich immer in eine Richtung drehen oder die Richtung nach Belieben wechseln. Auch das Tempo gestalten Sie nach Ihrer Tagesform. Nach einiger Zeit entsteht ein müheloser Bewegungsablauf, der durch den fließenden Atemstrom begleitet wird. Wichtiger Maßstab ist, dass Sie sich wohlfühlen.
Wenn Sie die Drehlage beenden, stellen Sie die Beine im rechten Winkel auf dem Boden auf. Legen Sie die Hände auf den Bauch. Ihre Wärme strahlt in den Bauch hinein. Beobachten Sie die Auf- und Abbewegung der Bauchdecke durch die Atmung (Abb. 44).

Abb. 44

Wandern Sie mit der Aufmerksamkeit in die Lendenwirbelsäule, Sie merken, dass diese flacher auf dem Boden aufliegt. Die Hand lässt sich nicht mehr darunter schieben. Ziehen Sie nochmals die Knie zum Brustkorb (siehe Abb. 40, S. 57).

5.4 Der Käfer

Auf dem Rücken liegend heben Sie die Arme und Beine senkrecht in die Luft. Fühlen Sie sich wie ein Käfer, der von der Rückenlage nicht wieder auf die Beine kommt. Schütteln Sie alle Glieder locker durch. Mit der Vorstellung, Sie haben vier Pinsel in Händen und Füßen, malen Sie ein großes Bild an den Himmel. Ihnen steht das gesamte Firmament zur Verfügung. Öffnen Sie die Hüftmuskeln zwischen den Schenkeln, bis in die Seite hinein (Foto 43). Die Bauchmuskeln werden stark beansprucht. Atmen Sie ruhig weiter. Wenn der Bauch müde wird, stellen Sie die Füße einen nach dem anderen auf dem Boden auf und legen die Arme an der Seite ab.

Foto 43

An den „Käfer" gliedert sich der „Schmetterling" an.
Bei zur Decke gestreckten Armen und Beinen, öffnen Sie mit der Einatmung Arme und Beine gleichzeitig, wie die Flügel des Falters, der auf
einer Blume sitzt. Der Kopf bleibt auf dem Boden liegen. Mit der Ausatmung schließen sie die Gliedmaßen in der Mitte (Abb. 45 u. 46).

Beide Bewegungsabläufe kräftigen und stabilisieren die Körpermitte in
den Lendenwirbeln und in der Bauchmuskulatur.

Schauen Sie einem kleinen Baby zu, das sich in Rückenlage mit ausge-
streckten Armen und Beinen bewegt. Vielleicht inspiriert es Sie zu weiteren Bewegungsimprovisationen.

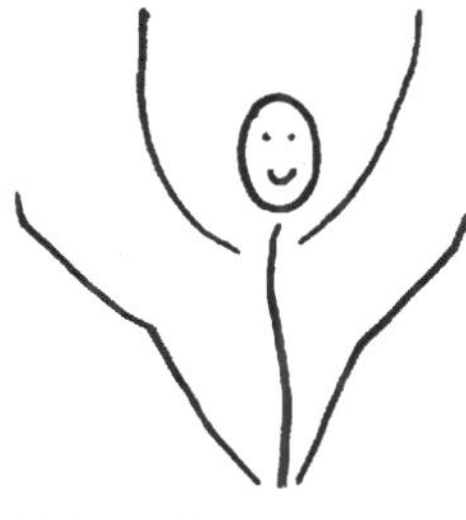

Abb. 45

Abb. 46

5.5 Die Wirbelgelenke auf und ab

Sie liegen entspannt auf dem Rücken, die Beine stehen im rechten Winkel auf dem Boden auf. Die Füße sind parallel, hüftbreit geöffnet mit
ganzer Sohle auf dem Boden aufgestellt.
Kippen Sie das Becken, wie Sie es bei den Beckenbewegungen im Stehen
ausprobiert haben (siehe Seite 46). Konzentrieren Sie sich dabei auf das
Schambein. Einmal ziehen Sie es hoch, die Lendenwirbelsäule legt sich
fest auf den Boden (Foto 44). Danach ziehen Sie es nach unten, in das
Hohlkreuz (Foto 45). Finden Sie einen langsamen Rhythmus bei diesem
Wechsel. Vermeiden Sie, die Gesäßmuskeln anzuspannen. Weil alle
Zwischenwirbelmuskeln entspannt sind, setzt sich dieses Kippen des
Beckens so weich wie die Bewegungen einer Schlange, Wirbel für Wirbel
bis zum Gelenk von Atlas und Dens axis im Hinterkopf, fort. Während
des Kippens bewegt sich also der Nacken unwillkürlich mit, der Kopf
nickt leicht vor und zurück.

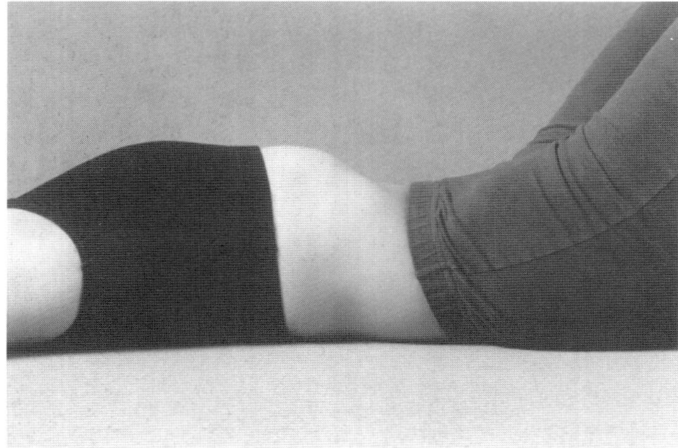

Foto 44

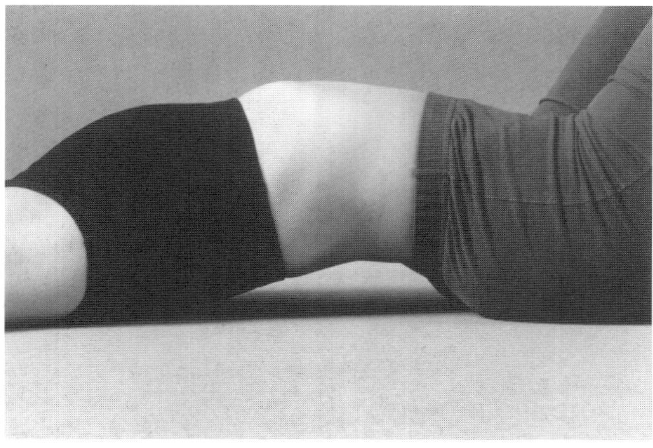

Foto 45

Lenken Sie Ihre Aufmerksamkeit in die Fußsohlen. Die Oberschenkel-
muskeln sind entspannt. Geben Sie Druck durch die Mitte der Fußsohlen
senkrecht in den Boden. Erleben Sie, dass sich das Becken vom Boden
abheben will. Die Hebelkraft der Beine wird wirksam. Intensivieren Sie
den Druck und rollen die Wirbelsäule langsam, Wirbel für Wirbel nach
oben hin auf (Foto 46 u. 47). Versuchen Sie jeden Wirbel zu bewegen, oder
stellen Sie fest, wo sich die Wirbel nicht bewegen. Oft ist die Wirbelsäule
zwischen den Schulterblättern und im Kreuzbein in seiner Bewegung
eingeschränkt. Verzagen Sie nicht gleich. Atmen Sie aus, wenn Sie die
Wirbelsäule Wirbel für Wirbel wieder abrollen, atmen Sie ein, wenn Sie
nach oben rollen. Es wird mit der Zeit immer flüssiger. Vermeiden Sie
den Atem anzuhalten, weil es anstrengend ist, das Becken abgehoben zu
halten.

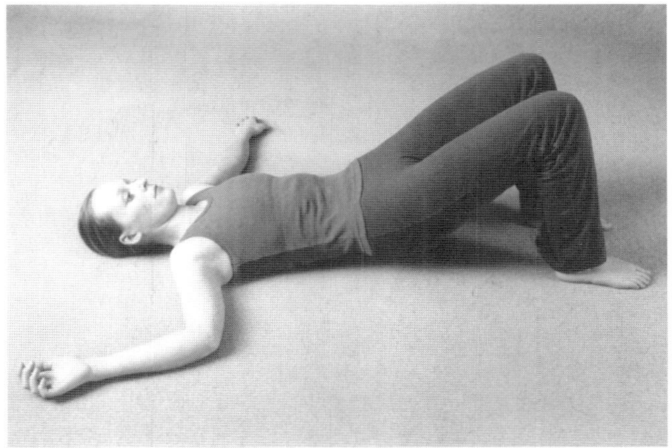

Foto 46

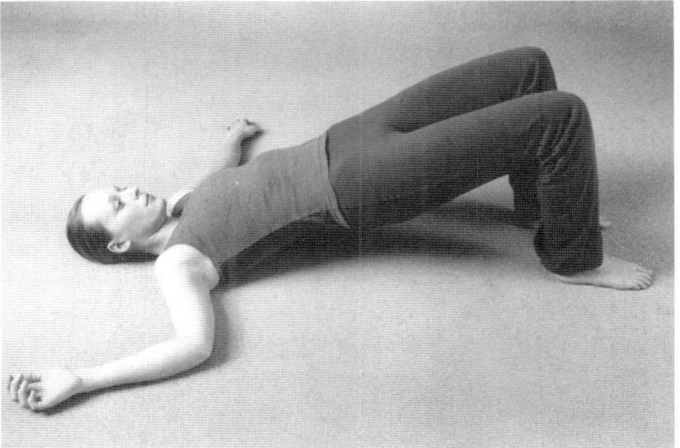

Foto 47

Bei jedem neuen Aufrollen der Wirbelsäule rollen sie etwas höher, bis Sie nur noch auf dem Schultergürtel liegen. Der Nacken ist jetzt extrem gedehnt.

Die Auflagefläche des Rückens, in der Lendenwirbelsäule sowie im Schultergürtel, erweitert sich durch diesen Bewegungsablauf. Sie haben mehr Bodenkontakt. Zudem stehen die Hals- und Lendenwirbel in einer zunehmend beweglicheren Beziehung zueinander, denn alle 24 Wirbelkörper werden aus ihrer möglichen Starre gelockt.

6. Kniestand

Wie bei den Übungen in Rückenlage, bauen im Kniestand der „Vierfüß-ler", der „Katzenbuckel und Pferderücken", sowie die „Welle" aufeinander auf. Wenn sich Bewegungsfluss bereits entwickelt hat, lässt sich die Welle auch ohne vorheriges Üben des Katzenbuckels und des Pferderückens ausführen.

6.1 Der Vierfüßler

Liegen Sie auf dem Rücken, so rollen Sie auf die Seite. Drücken Sie sich mit Unterstützung der Ausatmung nach oben hoch und stellen sich auf alle vier Extremitäten.
Sie erreichen den Vierfüßler auch aus dem Stand, wenn Sie sich die Übung: „Zum Sitzen kommen" (siehe Seite 51) zu Hilfe nehmen.
Die Handflächen und Knie stehen parallel nebeneinander. Sie sind schulter- und hüftbreit geöffnet und bilden ein Rechteck, in dem alle rechten Winkel respektiert sind (Foto 48).

Foto 48

Zu Beginn aalen Sie sich in dieser Position schmiegend in Ihrem Körper.
Stellen Sie sich vor, Sie sind eine Alge, die weich vom Wasser umspült
wird. Der Rücken ist in fließender Bewegung. Die Halswirbelsäule bewegt sich harmonisch mit, der Kopf führt kleine Kreise aus, oder nickt
sanft auf und ab (Foto 49). Die Bewegungsvielfalt erweitert sich, wenn
die Ellenbogen gebeugt bleiben. Der Atem strömt in die Bewegung hinein, wenn sie weit ist und wird durch das Zusammenziehen des Oberkörpers hinausbefördert. Sie haben jetzt die Möglichkeit ausgiebig zu gähnen. Seufzen Sie, wenn Sie unangenehme Stellen berühren.
Der Rücken nimmt ungewöhnliche Haltungen ein, denn das Wasser
umspült Sie mal weich, mal kräftig, von allen Seiten. Lassen Sie sich ein
wenig treiben und schmiegen sich genüßlich in Ihrem Körper.
Zur Dehnung des Rückens strecken Sie die Arme lang nach vorne aus.
Schieben Sie das Becken leicht zu den Fersen hin (Foto 50). Die Stirn

Foto 49

Foto 50

liegt auf dem Boden, die Ellenbogen jedoch nicht. Lösen Sie alles Fest-Halten zwischen den Schulterblättern und in den Schultergelenken. Senken Sie den oberen Rücken mehr zum Boden hin. Das geschieht in natürlicher Weise mit einem vertieften Ausatmen.

6.2 Katzenbuckel und Pferderücken

Stellen Sie sich im Vierfüßler auf (siehe Foto 48, S. 69). Richten Sie den Blick zu Boden. Der Rücken, einschließlich der Halswirbelsäule, ist so gerade wie eine Tischplatte. Wenden Sie ihre Aufmerksamkeit zum Bekken. Wie im Stehen schon geübt, wölben und höhlen Sie die Lendenwirbelsäule durch das Bewegen des Beckens (siehe Foto 19 u. 20, S. 46). Es wird nur das Becken gekippt.

Wenn Sie nun die Lendenwirbelsäule stärker wölben und das Schambein weiter zur Nase ziehen, rundet sich der Brustkorb mit. Sie bilden einen starken Buckel, der dem einer Katze ähnelt, die in Rage ist. Der Nacken ist lang gedehnt, der Kopf zieht mehr zum Boden hin (Foto 51). Atmen Sie aus, wenn der Brustkorb eingesunken ist. Erzeugen Sie eine Dehnung im Rücken, vor allem zwischen den Schulterblättern. Die Ellenbogen sind fast durchgestreckt. Halten Sie einen Winkel von 90° zwischen den Ober- und Unterschenkeln ein.

Foto 51

Zur Fortführung der Bewegung kippen Sie das Becken und höhlen die Lendenwirbelsäule. Wirbel für Wirbel bewegen Sie abwärts, die Lendenwirbel fallen ein, die Schulterblätter ziehen nach oben, bis der Kopf weit in den Nacken fällt. Die Eleganz eines Pferderückens kommt zum Vorschein, Ihre Brust ist stolz geöffnet, und durch das Einatmen nach vorne und zu den Seiten gedehnt (Foto 52). Überprüfen Sie, ob Sie zwischen den Schulterblättern gelöst sind. Auch hier bleiben die Ellenbogen in leichter Beugung. Ober- und Unterschenkel stehen im Winkel von 90° zueinander.

Der Katzenbuckel und Pferderücken gehen fließend ineinander über. Die Wende vom Pferderücken zum Katzenbuckel findet zuerst in den Lendenwirbeln statt. Der Kopf hebt und senkt sich nach der Bewegung der Schulterblätter. Das bedeutet, dass Sie mit ihrer Aufmerksamkeit Wirbel für Wirbel in ihrer Neigung verfolgen und mit der Atmung unterstützen. Es empfiehlt sich auszuatmen, wenn Sie einen Katzenbuckel bilden, denn Lungen und Bauch sind stark eingezogen. Kehren Sie in die weite Pferdehaltung zurück, werden Bauch und Lungen mit einer kräftigen Einatmung gefüllt und gedehnt. Der Wechsel zwischen Pferd und Katze verläuft ohne Unterbrechung. Der Rücken verändert sich von konkav zu konvex in einer fließenden, langsamen Wellenbewegung (Abb. 47).

Abb. 47

Foto 52

6.3 Das Paket

Jetzt haben Sie sich eine Pause verdient! Lassen Sie das Becken auf die Fersen herunter und legen den Kopf vor den Knien auf dem Boden ab. Die Arme führen an den Beinen nach hinten (Foto 53). Sie bilden ein kleines Paket. Schließen Sie die Augen und atmen in den Bauch und Rücken hinein. Durch sanftes Hin- und Herschwenken des Beckens verliert sich die möglicherweise auftauchende Enge.

6.4 Die Welle

Die ergiebigste Übung schließt sich an den Vierfüßler an. Gekoppelt mit einem Höchstmaß an Weichheit und Flexibilität der Muskeln, unterstützt durch den Kreislauf des Ein- und Ausatmens, schließt die Welle in sich die Komponenten von Kraft und Dynamik ein.
Das klingt sehr geschwollen, zu Beginn werden Sie eher erschöpft sein, doch nach einigem Üben spüren Sie die Erfrischung, die Sie durch diese Übung erfahren.
Fangen Sie mit der Grundstellung des Vierfüßlers an (siehe Foto 48, S. 69). Von hier aus senkt sich das Becken zu den Füßen (Foto 54).

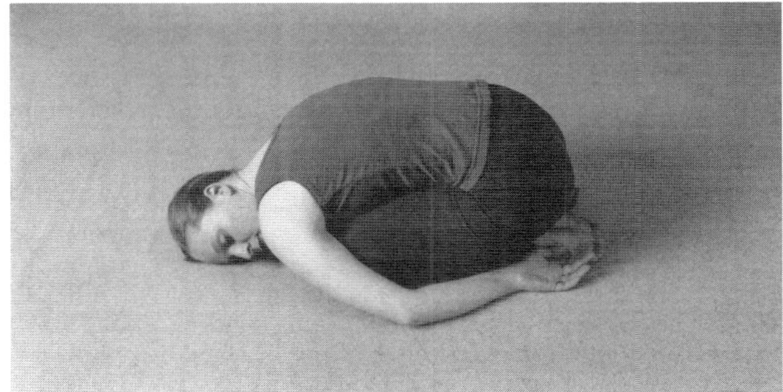

Foto 53

Foto 54

Von dort schieben Sie langsam die Nasenspitze über den Boden. Der Rücken schiebt sich in konkaver Form so weit nach vorne, bis Ohren und Nasenspitze zwischen den Ellenbogen erscheinen (Foto 55 u. 56). Drükken Sie die Hände kräftig in den Boden, um den Rumpf nach oben zu stemmen. Dieser wölbt sich konvex zum Katzenbuckel (Foto 57). Dem Verlauf der Bewegung folgend, senkt sich das Becken zu den Fersen (Foto 58) und die Welle schwappt von neuem nach vorne.

Versuchen Sie zunächst diesen technischen Ablauf zu verstehen. Wenn Sie über die Bewegungen nicht mehr nachdenken müssen, schließen Sie die Atmung in die Wellenbewegung ein. Die Atmung geschieht hier so, wie beim Katzenbuckel und Pferderücken geübt wurde, sie passt sich an die Enge und Weite des Brustkorbes an. Für die Welle bedeutet das, dass Sie einatmen, wenn die Nasenspitze über den Boden zieht. Das Hochstemmen des Rumpfes unterstützen Sie mit einem kräftigem Ausatmen, der seine Wende zum Einatmen nimmt, wenn der Rücken von konvex zu konkav wechselt. Die Ausatmung dauert etwas länger als die Einatmung, so dass sich der Schwung über den Katzenbuckel ausdehnt. Da die Bewegung nicht unterbrochen wird, gibt es keine Pause in der Atmung.

Foto 55

Foto 56

Foto 57

Foto 58

Wenn Sie schon einmal das Meer beobachtet haben, wird Ihnen aufgefallen sein, dass keine Welle wie die andere ist. Es gibt keine zwei gleichen Wellen. Konzentrieren Sie sich auf den Rhythmus und die Dynamik der Bewegung. Probieren Sie verschiedene Tempi aus und wählen intuitiv das richtige für sich heraus. Möglicherweise stellt sich zwischendurch das Gähnen ein.

So jetzt haben Sie den Dreh herausgefunden. Versuchen Sie die Welle auch mal andersherum schwappen zu lassen.

Abschließend gleiten Sie nach vorne in die Bauchlage, die Arme sind lang gestreckt. Sie liegen auf dem Bauch im warmen Sand, und hören Ihrem sich verlangsamenden Puls zu, den Sie jetzt im Bauch spüren können.

6.5 Aus der Bauchlage zurück zum Stand

Stellen Sie Ihre Hände rechts und links neben den Schulterblättern auf. Drücken Sie mit Unterstützung der Einatmung den Oberkörper kräftig nach oben (Foto 59). Kommen Sie in den Vierfüßler zurück (siehe Foto 48, S. 69). Von dort gelangen Sie in die Hocke, indem Sie das Becken durch Gewichtsverlagerung nach hinten zu den Fersen schieben (Foto 60). Versuchen Sie einen Augenblick in der Hocke zu verweilen und das Gleichgewicht zu halten (Foto 61). Dabei steht Ihr Oberkörper im Winkel von 90° zu den Oberschenkeln. Der Atem fließt gleichmäßig weiter. Lassen Sie sich nach vorne auf die Hände fallen (Foto 62). Strecken Sie die Beine lang nach oben, ohne die Knie ganz durchzustrecken, so dass sich das Becken nach oben richtet. Rollen Sie den Rücken Wirbel für Wirbel in die Senkrechte hoch (siehe Seite 39).

Eine andere Möglichkeit, aus der Hocke ins Stehen zu gelangen, ist folgende: Drücken Sie den Oberkörper durch kräftiges Anspannen der Oberschenkelmuskulatur nach oben. Auf Grund des kürzeren Bewegungsweges sind die Beine sehr aktiv. Unterstützen Sie diese Hebelkraft mit der Ausatmung.

Sind Sie in der Senkrechten angekommen, verharren Sie einen Augenblick in Ihrer Aufmerksamkeit bei sich selbst. Spüren Sie sich jetzt. Stellen Sie Unterschiede zu Ihrem Zustand vor der Ausführung der Übungen fest.

Bevor Sie in Ihren Alltag zurückkehren, bewegen Sie sich wie eine Marionette lustig durch. Das verleiht Ihnen die nötige Freude für den nächsten Schritt.

Foto 59

Foto 60

Foto 61

Foto 62

7. Lösen von Verspannungen im Becken, in der Brustwirbelsäule und in den Füßen

7.1 Befindlichkeiten des Beckens

Schmerzen in den Lendenwirbeln und im Becken sind in den meisten Fällen auf alte Muskelverhärtungen zurückzuführen. Wenn also auf entspannende Weise an der Muskulatur des Beckens gearbeitet wird, können emotionale Widerstände auftreten, denn dort speichert der Mensch nicht ausgedrückte Gefühle und Bedürfnisse. Er hält sie fest, statt sie loszulassen. Das Becken entwickelt sich mit den Jahren zu einem Tabu-Bereich. Schmerzhafte Erfahrungen wollen nicht erinnert werden. Auch Freude und Glücksgefühle finden ihre Ausdehnung bis ins Becken. Sie geben den Impuls kreativ zu sein und das Leben mit Liebe und Lust zu gestalten, und zwar aus der Körpermitte heraus.
Werden diese Gefühle im Becken festgehalten, so ist es nicht mehr frei, die nötige Stabilität und Flexibilität aufzubauen, die Sie von Tag zu Tag benötigen. Der Bewegungsfreiraum schränkt sich mehr und mehr ein, schließlich wird es gar nicht mehr bewegt und auch nicht mehr beatmet. Es ist kein Vertrauen im Becken, denn es gibt kein Vertrauen zu den Gefühlen, die das Becken in der Lage ist zu äußern. In ihm sitzen die tiefen, intuitiven Kräfte, die Sicherheit und Urvertrauen schenken.
Intensives Arbeiten an der Beckenmuskulatur bedeutet also, auf Entdeckungsreise zu gehen und diese Kräfte, wenn Sie nicht schon da sind, auszugraben, und in Ihre Lebensgestaltung mit einzubeziehen. Wird das Becken von festgehaltenen Spannungen und Gefühlen befreit, kann es seine Funktion als Lebensspender (im übertragenen Sinn) wieder aufnehmen. Die Beweglichkeit wird erweitert, Beine und Oberkörper bewegen sich nicht getrennt voneinander, sondern fließen im Becken zusammen. Ihr Bewegungsablauf wird weich und geschmeidig. Das Becken geht einfach mit!

7.2 Der Kastaniensack

Kastanien lassen sich als Massageinstrument verwenden. Die in einen Sack eingenähten getrockneten Kastanien haben die Eigenschaft, durch ihre wellige Oberflächenstruktur in den Muskel einzudringen und gezielt auf den Muskeltonus einzuwirken. Sanfte Bewegungen auf den Kastanien bewirken eine Tiefenmassage.
Rubbeln Sie sich den Körper von oben bis unten mit dem Kastaniensack

ab, beleben Sie die Blutzirkulation in den Muskeln alleine dadurch, dass Sie Druck und Reibung erzeugen. Der Muskel erwärmt sich und balanciert seinen Tonus aus. Die Flexibilität zwischen Entspannung und Spannung im Muskel steigt.

Lassen Sie 40-50 Kastanien trocknen bis sie schrumpelig sind, nähen Sie diese in einen festen Baumwollsack von circa 20 x 30 cm ein. Der Sack ist so gefüllt, dass die Kastanien eng nebeneinander liegen. Er sollte nicht prall gefüllt sein. Bevor Sie ihn benutzen, legen Sie ihn auf die Heizung, damit die Kastanien durchgewärmt sind. Je nach Verspannung reichen etwa 5 bis 10 Minuten aus, um eine Veränderung im Becken zu spüren.

Legen Sie sich flach auf den Rücken und stellen die Füße so auf, dass die Beine einen Winkel von 90° bilden. Sie stehen parallel nebeneinander, Füße gleichermaßen offen und parallel. Die Hände liegen locker auf der Bauchdecke (siehe Abb. 44, S. 64).
Spüren Sie den Zustand der Lendenwirbelsäule, ihren Abstand zum Boden. Werfen Sie einen Blick in die Bauchhöhle, die von den Händen gewärmt wird. Das Ausatmen lässt den Bauch einsinken und das Becken sein Gewicht an den Boden abgeben. Jetzt wandert die Aufmerksamkeit in die Füße. Drücken Sie diese fest in den Boden hinein, und hebeln Sie das Becken einige Zentimeter in die Höhe. Legen Sie den warmen Kastaniensack quer unter das Steißbein. Lassen Sie den Druck in den Boden langsam nach, so dass das Becken sinkt und sich auf dem Sack niederlegt. Sie haben darauf geachtet, dass keine spitzen Kanten der Kastanien nach oben stehen. Falls es doch drückt, heben Sie das Becken an und glätten den Kastaniensack.
Lassen Sie das Becken mit seinem ganzen Gewicht nieder. Wenn zu hohe Schmerzen entstehen, bleiben Sie zu Anfang still liegen. Sie können vollkommen loslassen. Lassen Sie den Druck zu, den die Kastanien auf die Muskulatur ausüben. Der Unterbauch dehnt sich sanft nach außen, der Atem fließt gleichmäßig weiter.
Beginnen Sie mit sanften Bewegungen im Kreuzbein. Dabei drücken sich die Kastanien in die Muskulatur und bewegen sich leicht mit (Foto 63). Schmiegen Sie sich ohne Konzept auf den Kastanien, so wie es Ihnen gut tut. Die Regulation in tieferen Muskelschichten ist bei feinen Bewegungen intensiver, denn sie führen nicht zu einer Gegenspannung des Muskels.
Bei zunehmendem Vertrauen erweitern Sie die Bewegungen. Schwenken Sie die Knie leicht zu den Seiten. Die Füße kippen im Wechsel auf die Außen- und Innenkanten. Wenn das Becken über den Kastaniensack rollt, steigert sich der Druck auf die Gesäßmuskeln. Schieben Sie das Becken hin und her, kreisen Sie es oder kippen es vor und zurück. Probieren Sie aus, welche Möglichkeiten Sie haben, sich auf den Kastanien zu

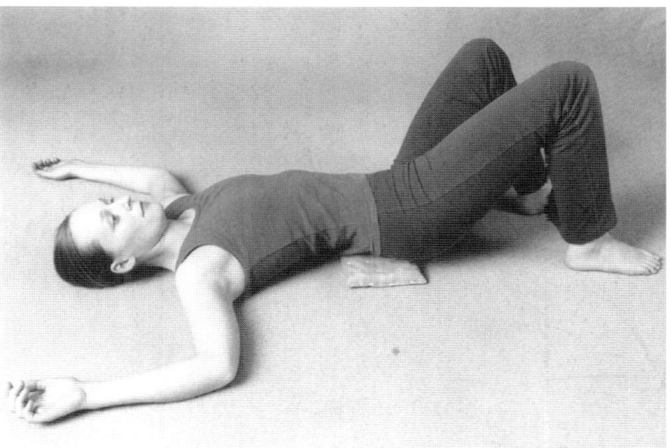

Foto 63

bewegen. Seufzen Sie, oder gähnen Sie tief. Ruhen Sie, wenn Anspannung entsteht. Diese spüren Sie in den Fingerspitzen und im festgehaltenem Atem.

Heben Sie zum Beenden wie gewohnt das Becken durch Druck der Füße in den Boden an. Ziehen Sie den Sack unter dem Steißbein hervor, atmen aus, rollen dabei die Lendenwirbelsäule Wirbel für Wirbel nach unten ab, bis das Becken auf dem Boden liegt. Schauen Sie nun, wie es sich anfühlt, wie es aufliegt. Was hat sich verändert? Beschreiben Sie Ihre Wahrnehmungen.

Zur Dehnung des Rückens ziehen Sie die Knie an den Brustkorb (siehe Abb. 40, S. 57). Atmen Sie aus, wenn Sie die Knie zu sich heranziehen, wenn Sie die Knie lösen, strömt der Atem ein. Wiederholen Sie diese Ablauf einige Male.

Um stärkeren Druck auf die Kastanien auszuüben, führen Sie die Knie langsam nach rechts und links, wie es in der „Drehlage" ausgeführt wird (siehe Seite 59). Der Oberkörper bleibt jedoch ohne Anspannung. Ist es nicht möglich, dass Sie weiter atmen, sollten Sie hier beenden. Noch stärker wird der Druck, wenn Sie die Beine durch die Luft bewegen, und sie so lenken wie beim „Käfer" (siehe Seite 64) vorgeschlagen wird.

Die Schulterblattmuskulatur lässt sich mit dem Kastaniensack ebenfalls regulieren. Zwischen den Schulterblättern ist die Sensibilität stärker als am Steißbein. Daher erscheinen die Kastanien einen eher unangenehmen Druck auszuüben. Bleiben Sie aufmerksam und beenden Sie, wenn Sie Schmerzen haben und den Atem anhalten.

In Rückenlage, mit aufgestellten Beinen, legen Sie den Kastaniensack quer unter die Schulterblätter und zwar auf die Höhe des Herzens. Geben Sie vollkommen das Körpergewicht ab. Bewegungslos erfahren Sie bereits die Ausdehnung des Brustkorbes zu den Seiten hin, die das Atmen hervorruft.

Durch leichtes Bewegen der Arme, schon durch ein leichtes Räkeln, erleben Sie die Kastanien in ihrer Wirkung auf die Zwischenrippen- und Wirbelmuskeln sowie auf das Zwerchfell. Das Gähnen sollte jetzt nicht verhindert werden.

Die Arme sind lang und locker in die Luft gehoben. Strecken Sie den rechten Arm mit seinem Schultergelenk weiter zur Decke aus (Foto 64). Entspannen Sie die Schulter wieder zu Boden und heben den linken Arm zur Decke. Dabei rollt der Brustkorb leicht über die Kastanien. Spielen Sie durch Ihre Bewegung etwas mit den Kastanien, ohne sich jedoch anzuspannen oder den Atem anzuhalten. Wie eine Katze sich am Kratzbaum kratzt, so schmiegen Sie sich über die Kastanien.

Haben Sie zwei Kastaniensäcke genäht, legen Sie den einen unter das Becken, den anderen unter die Schulterblätter. Bewegen Sie sich wie ein „Käfer" (siehe Seite 64), oder versuchen Sie sich in der Form der „Drehlage" (siehe Seite 59) zu bewegen. Nach einiger Zeit nehmen Sie die Säcke weg. Seien Sie behutsam mit sich, arbeiten Sie nicht zu lange, denn muskuläre Widerstände sind in diesen beiden Bereichen „während der Arbeit" schwer zu erspüren, doch zeigen sie sich später durch leichte Schmerzen.

Der Kastaniensack ist vielseitig verwendbar. Durch Abreiben der Haut stimulieren und sensibilisieren Sie diese.

Die Füße lassen sich im Stehen vorsichtig massieren, wenn Sie so arbeiten, dass Sie mit sanftem Druck den Fuß auf die Kastanien stellen. Stellen Sie sich einmal mit dem ganzen Gewicht auf ihn, spüren Sie anschließend die Füße. Es ist ein wahrer Genuß zu erfahren, was sich verändert. Beschreiben Sie in Worten, was Sie wahrnehmen.

Foto 64

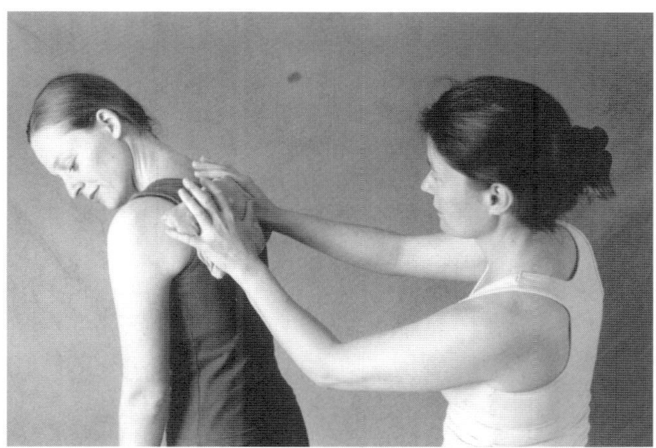

Foto 65

Zum Schluss kann Ihnen jemand den Rücken abreiben (Foto 65). Viel Spaß dabei!

7.3 Die Tennisbälle

Die Tennisbälle eignen sich für eine wohltuende Massage. Der Unterschied zu den Kastanien liegt in der Nachgiebigkeit des Balles. Die Tiefenregulation der Muskulatur bleibt jedoch die gleiche, wenngleich Sie auch punktueller ist, denn der Druck verteilt sich nicht auf eine größere Hautoberfläche. Das kann zu leichten Schmerzen in den Muskeln führen. So sollten schmerzhafte Stellen nicht mit dem Tennisball unter Druck gesetzt werden. Schon gespielte Bälle sind weicher und nachgiebiger als neue Bälle. Sie eignen sich daher besser für die Massage des Steißbeines.

Ausgangspunkt ist die Rückenlagen mit angewinkelten Beinen. Zur Vorbereitung wird der Rücken aufgewärmt, das erhöht die Bereitschaft der Muskeln sich zu entspannen. Dazu geben die Füße Druck in den Boden und heben das Becken kaum merklich an. Unter Zuhilfenahme der Knie und Oberschenkel, jedoch mit entspannten Gesäßmuskeln, rubbeln Sie den gesamten Rücken auf der Unterlage hin und her. Sie erzeugen eine Reibung zwischen der Hautoberfläche, dem Boden, den Kleidungsstücken und den tieferen Muskelschichten. Durch die Erhöhung der Blutzirkulation entsteht Wärme. Besonders das Kreuzbein wird aufgeheizt. Konzentrieren Sie sich darauf zu atmen, damit der Brustkorb bei dieser leicht anstrengenden Bewegung nicht blockiert wird. Legen Sie den Rücken auf dem Boden ab. Fühlen Sie, wie warm und belebt er ist.

Wenn der Atem sich etwas beruhigt hat, legen Sie unter das abgehobene Becken, an das untere Ende der Wirbelsäule, die Tennisbälle in Form eines Dreieckes zusammen. Eine Spitze zeigt nach unten, zwei Bälle liegen nebeneinander darüber. Alle Bälle berühren sich miteinander (Abb. 48).

Abb. 48

Lassen Sie das Körpergewicht mit der Ausatmung auf die Bälle hinunter. Ist der Schmerz zu groß, und Sie ziehen die Muskeln zusammen, beenden Sie bitte die Übung und versuchen es zu einen späteren Zeitpunkt noch einmal.

Ähnlich wie bei den Kastanien beginnen Sie mit sanften Bewegungen erst, wenn Sie vollkommen entspannt sind. Im Unterbauch findet eine Öffnung nach außen statt. Der Bewegungsspielraum ist durch das Rollen der Bälle größer, Sie können das Gesäß vollständig über sie rollen. Vermeiden Sie, dass die Bälle auseinander- und zur Lendenwirbelsäule hinaufrollen.
Die Beine lassen sich vielseitig nutzen, um die Bälle rollen zu lassen. Zur Steigerung des Druckes kippen Sie sie von einer Seite auf die andere, oder heben sie in die Luft. Atmen Sie bis in das Becken hinein ein und aus.
Manchmal reichen fünf Minuten auf den Tennisbällen aus, damit sich die Beckenmuskeln regulieren. Es gibt keine festgeschriebene Zeit. Entscheiden Sie nach Ihrer Tagesform, ob und wie lange Sie sich massieren wollen. Stark verspannte Muskeln benötigen intensivere Arbeit, bevor sie sich regen.
Respektieren Sie Ihren Körper und beenden Sie, wenn sich Zeichen des Unwohlseins einstellen. Heben Sie das Becken an, entnehmen die Bälle und rollen es langsam wieder ab.
Ein Wunder ist vollbracht! Flach und breit liegt es nun auf dem Boden auf, auch die Lendenwirbelsäule liegt auf der Unterlage. Sie spüren Wärme und Lebendigkeit. Was spüren Sie noch?

Wie beim Kastaniensack lassen sich die Bälle zur Stimulierung der Hautoberfläche benutzen. Sie klopfen mit ihnen den Körper ab. Lassen Sie den Bauch aus. Dazu liegen zwei Bälle so locker in Ihren Händen, dass sie sich drehen und dennoch nicht herausfallen. Das Handgelenk arbeitet in gelöstem Zustand. Es lässt sich mit der rechten und linken Hand im Wechsel oder gleichzeitig mit beiden Händen klopfen. Sie werden spüren, was Ihnen lieber ist. Finden Sie einen gleichbleibenden Rhythmus.

7.4 Die kleine Fußmassage

Die Förderung der Durchblutung und die sich damit erhöhende Flexibilität der Fußmuskulatur steigert einerseits die Sensibilität im Fuß, andererseits erhöht sie die Stabilität des Fußes auf der Erde.

Aus der „Grundstellung" heraus (siehe Seite 32) massieren Sie die nackten Füße. Stellen Sie die Zehenspitzen eines Fußes auf den Ball. Die Ferse steht zunächst noch auf der Erde. Geben Sie achtsam das Körpergewicht auf diese Zehen. Der Ball rollt unter dem Fuß bis zur Ferse, die sich vom Boden abgehoben hat. Das Fußgewölbe dehnt sich durch angenehmen Druck um den Ball. Im Mittelfuß gibt es sehr schmerzhafte Stellen. Sie sollten nur soviel Druck abgeben, wie Sie vertragen. Der Atem reagiert auf diese Massage, so wie sich die Fußsohle ausdehnt, so dehnt sich der Atem aus. Sie bekommen das Bedürfnis zu gähnen. Da Sie die Reflexzonen im Fuß stimulieren, regen Sie die Organtätigkeit an. Vermeiden Sie die Massage am Abend, denn die Energie, die sie freisetzen kann, verhindert möglicherweise das Einschlafen.
Haben Sie einen Fuß massiert, stellen Sie ihn zum Vergleich neben den anderen Fuß. Arbeiten Sie den anderen Fuß durch.
Stellen Sie beide Fersen auf je einen Ball, die Zehenspitzen berühren den Boden (Foto 66). Wippen Sie in den Knien. Dadurch federn die Fersen auf den Bällen. Der ganze Körper bis zum Kopf federt mit, wodurch der Atem stoßweise ausfließt.
Lösen Sie die Füße von den Bällen und gehen durch den Raum. Genießen Sie die Geschmeidigkeit, die damit verbundene Stabilität und gleichzeitige Reaktionsbereitschaft Ihrer Füße.

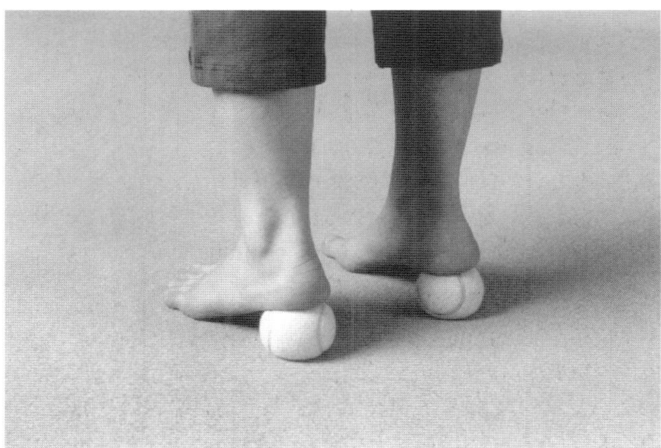

Foto 66

8. Entspannung

8.1 Hinweis

Nach dem Üben sind Sie sehr entspannt. Sie waren zwar in Bewegung, doch in einer Art, die Muskelverspannungen gelockert und die Muskeln in ihrem Tonus harmonisiert haben. Der Atem wurde aus seiner Enge befreit. Durch das Gähnen haben Sie mehr Sauerstoff zu sich genommen als Sie gewohnt sind. Sie spüren sich jetzt ganzheitlicher.

„Der Atemkreis" und „Die Laterne" als meditative Übungen zur Körperwahrnehmung, führen zu einer weiteren Vertiefung der Atmung und Entspannung.
Sie bewegen sich wenig oder gar nicht. Daher gilt Ihre ganze Aufmerksamkeit der Atmung und einzelner Körperteile.
Auch hier können Widerstände in Bezug auf die Tiefe der Entspannung auftreten. Diese äußern sich auf körperlicher Ebene durch Schwindel oder Übelkeit. Manchmal verstärkt sich die innere Unruhe, wenn durch die Beruhigung des Geistes die verdrängten emotionalen Ereignisse in das Bewusstsein zurückkehren. Seien Sie sanft mit sich, und schauen Sie, wie weit Sie sich fallen lassen wollen. Respektieren Sie die Grenzen, die sich von Mal zu Mal verändern.

8.2 Der Atemkreis

In Rückenlage, mit hüftbreit auseinander gestellten Beinen, legen Sie die Hände lose auf die Bauchdecke. Die Augen sind geschlossen.
Beide Hände gleiten gleichzeitig zu den Knien hoch (Foto 67).

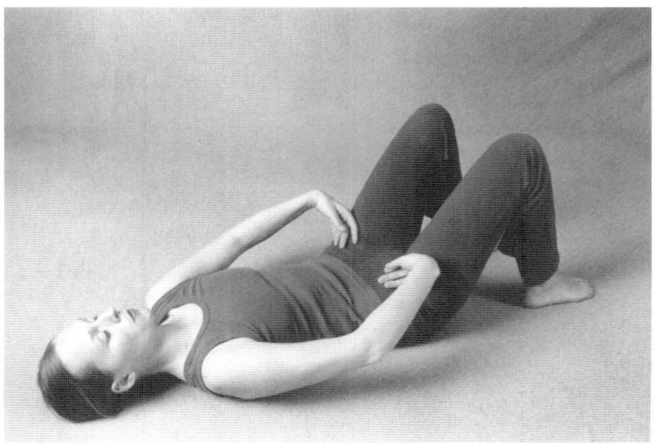

Foto 67

Dort strecken sie sich locker zur Decke (Foto 68) und sinken auf Augen-
höhe wieder zum Körper zurück (Foto 69). Streifen Sie die Hände über
den Körper, wieder bis zu den Knien hoch, und so fort. Die Arme beschreiben einen Kreis mit zueinander zeigenden Fingerspitzen. Wiederholen
Sie die Kreisbewegung solange, bis sie sicher fließt.

Der Armkreis wird mit dem Atemlauf verbunden. Vielleicht hat sich Ihr
Atemrhythmus bereits an den Armkreis angepaßt. Wenn Sie die Arme in
die Luft heben, atmen Sie ein. Sie beginnen mit der Ausatmung, wenn
der Kreis sich über dem Gesicht nach unten schließt. Spüren Sie bei der
Ausatmung ein Loslassen im Becken, welches schwerer zum Boden sinkt.
Vermeiden Sie, den Atem an die Bewegung anzupassen. Versuchen Sie
vielmehr, den Kreislauf der Arme in der gleichen Geschwindigkeit von
Ein- und Ausatmung auszuführen. Seien Sie sich bewusst, dass der Atem
nie 100%-ig gleichmäßig strömt. Wenn Sie seufzen müssen, unterstützen
Sie es mit einem stärkeren Bewegungsimpuls in den Armen. Während
des Gähnens verlangsamen Sie die Bewegung der Arme.

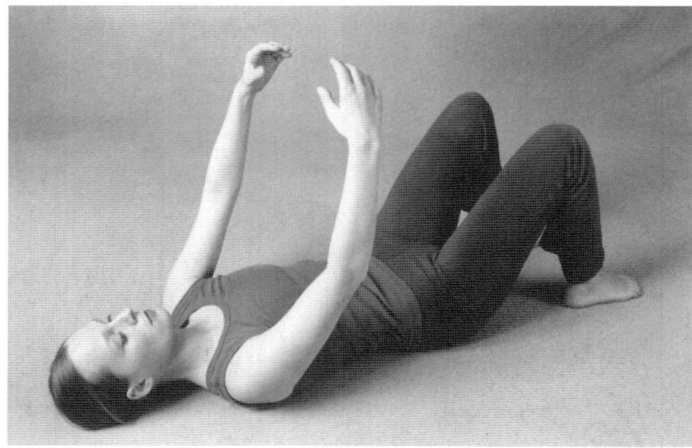

Foto 68

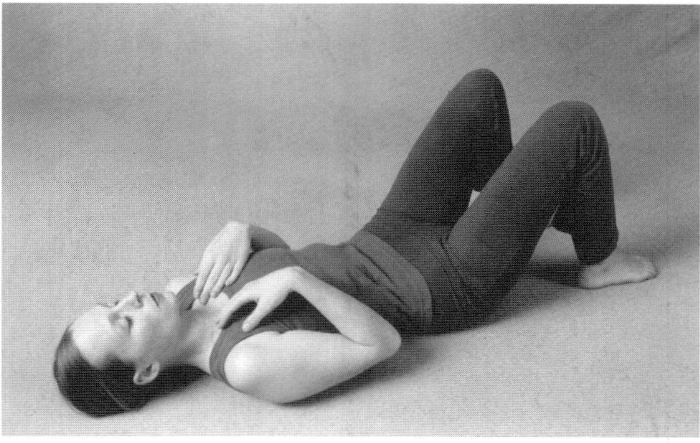

Foto 69

Der Armkreis lässt sich andersherum drehen. Der Atem strömt aus, wenn die Hände durch die Luft zu den Knien geführt werden. Eingeatmet wird, wenn die Hände über dem Bauch zum Gesicht hochstreifen. Diese Bewegungsrichtung, und das damit verbundene Atmen, hat eine belebende Wirkung auf das ganze Energiesystem. Das Ein- und Ausatmen geschieht im Brustkorb und ist flüchtiger.
Probieren Sie beide Richtungen aus. Beleben Sie sich morgens, erholen Sie sich abends.
Nach Beenden der Übung legen Sie die Hände in den Schoß. Ruhen Sie einen Moment still.

Nachdem Sie Fuß- und Fingerspitzen bewegt haben, kippen Sie die Beine von Seite zu Seite und rollen sich in die Seitlage. Stützen Sie sich mit beiden Händen vom Boden ab, bis Sie in den Seitsitz (siehe Abb. 39, S. 54) gelangen. Hier bleiben Sie in einer fließenden Bewegung, die durch ruhiges Atmen unterstützt wird. Erheben Sie sich in die Hocke. Von dort rollen Sie die Wirbelsäule, wie oben geübt (siehe Seite 39 u. 76) langsam auf.

8.3 Die Laterne: Eine Lichtreise durch den Körper

Diese Entspannungsreise kann zu jeder Zeit angewendet werden. Morgens steigert sie die Präsenz im Körper und verhilft dazu, den Alltag energiesparend und ausgeglichen zu gestalten. Am Abend führt sie zu bewusster Ablösung der Ereignisse des Tages und zu tiefem Schlaf.
Wenn Sie die Vorgehensweise einmal erfahren haben, können Sie die Reise immer antreten. Sogar bei der Arbeit erkennen Sie mehr und mehr, wann Sie und wie angespannt Sie sind. Schon das Wahrnehmen bedeutet, dass Sie sich entspannen. Sich gelöst zu bewegen, wird immer selbstverständlicher.
Es empfiehlt sich, den Text vorher zu lesen, um die Ausführung zu verstehen. Vielleicht gibt es jemanden, der Ihnen den Text vorliest.
Meditationsmusik beruhigt den aktiven Geist. Bei Bedarf decken Sie sich zu. Bleiben Sie präsent und wach.

Ausgangsposition ist die Rückenlage. Spüren Sie den Rücken auf der Unterlage. Damit Sie nicht im Hohlkreuz liegen und die Lendenwirbel entlastet werden, legen Sie eine Kissenrolle unter die Kniekehlen. Die Hände liegen auf der Bauchdecke während Sie tief atmen. Spüren Sie die Wärme die sie in den Körper ausstrahlen. Nachdem Sie mehrfach tief ein- und ausgeatmet haben, legen Sie die Arme, mit den Handflächen nach oben gedreht, an den Seiten ab.
Stellen Sie sich vor, in Ihrem Becken befindet sich eine Laterne, deren

Strahl in das rechte Bein hinein scheint. Dieser Lichtstrahl erleuchtet und wärmt das Bein bis in die Zehenspitzen. Diese fallen sanft nach außen. Vielleicht spüren Sie ein leichtes Kribbeln in ihnen. Wandern Sie mit dem Lichtstrahl in das Fußgelenk und erfüllen Sie dieses mit der Wärme des Strahls. Dort ist ein Gefühl von Weite und Luftigkeit, welche das Gelenk in den Boden hinein entspannt. Das Licht wandert aufwärts und erleuchtet die Wade, die satt auf dem Boden aufliegt. Mit Hilfe der Wärme lösen Sie die Muskulatur des Kniegelenkes, damit der Abstand zum Boden sich verringert, oder es schwerer auf der Kissenrolle aufliegt. Vergleichen Sie die rechte Kniekehle mit der linken und erkennen eventuelle Unterschiede.

Der Oberschenkel liegt natürlicherweise, wie die Wade, schwer auf der Erde auf. Wenn der Tonus in den Hüftbeugemuskeln hoch ist, ruht der Oberschenkel nicht vollkommen auf dem Boden. Sie leuchten in das rechte Hüftgelenk hinein. Versuchen Sie dort mit Hilfe der Ausatmung Spannungen zu lösen, so dass die Zehenspitzen weiter nach außen fallen und der Oberschenkel sein Gewicht zum Boden abgibt. Fühlen Sie das Gewicht des Beines. Das rechte Bein ist vollständig erleuchtet und ganz warm. Schwer liegt es auf dem Boden oder dem Kissen auf.

Leuchten Sie in das linke Bein und wiederholen Sie mit gleicher Aufmerksamkeit den beschriebenen Entspannungsprozess.

Kehren Sie mit der Laterne in das Becken zurück, um es vollständig auszustrahlen. Sie leuchten sowohl in das kleine Becken, welches am Schambein liegt, als auch in das darüber liegende große Becken. Nutzen Sie die Ausatmung, um in den Hüftgelenken nachzugeben, spüren Sie, dass die Lendenwirbel sich etwas mehr zum Boden hinunterlassen.

In der Bauchdecke erfahren Sie eine leichte Dehnung nach außen, in die Sie den Atem hineinfließen lassen. Machen Sie sich ein Bild von den Organen, die im Becken und Unterbauch liegen. Auch sie profitieren vom Licht und der Wärme.

Halten Sie die Laterne so, dass sie die Wirbelsäule hinauf leuchtet. Wirbel für Wirbel begutachten Sie den Tonus, der Sie umgebenden Muskeln. Jedes Ausatmen lässt den Rücken schwerer auf dem Boden aufliegen. Vielleicht zuckt es hier und da in der Muskulatur, wenn Sie stiller werden. Keine Angst: Es löst sich Hochspannung.

Sie wandern die Lendenwirbel hinauf, bis Sie die Schulterblätter erreichen. Mit zwei, drei tiefen Atemzügen in den Brustraum hinein, sinken Sie gewichtiger zu Boden. Der Zug der Schultergelenke nach unten öffnet sanft den oberen Atemraum. Das Zwerchfell kann sich vollständig ausdehnen und zusammenziehen. Durch vermehrtes Gähnen lösen sich eventuelle Verspannungen seines Muskelgewebes.

Das Licht leuchtet weiter und gelangt zum Schultergürtel. Von dort aus richten Sie den Strahl in den rechten Arm. Das Licht und die Wärme gelangen in die Fingerspitzen, in denen es keine Spannung gibt. Sie fühlen die Lebensenergie als leichtes Kribbeln in den Händen. Leuchten Sie das Handgelenk aus. Ein entspanntes Handgelenk führt zu sich krümmenden Fingern. Auch der Ellenbogen wird durch die Wärme gelöst. Leuchten Sie das Schultergelenk aus und lassen Sie das Gewicht nach unten los. Der Abstand zum Boden verringert sich. Es handelt sich hierbei um Millimeter! Fühlen Sie sich schwerelos, weil Sie vom Boden getragen werden.

Wiederholen Sie die Lichtreise im linken Arm und kehren dann zum 7. Halswirbel zurück. Dieser wird auch Prominenz genannt, weil er sich von den anderen Wirbeln durch seine Größe unterscheidet. Dort leuchten Sie die Halswirbelsäule hinauf, bis zu dem Punkt am Boden, auf dem der Kopf liegt. Wenn Sie das Kinn etwas zur Brust ziehen, entlasten Sie die Halswirbel und strecken sie. Der Kopf ist schwer, lassen Sie ihn mehr in den Boden fallen. Ihre geistige Aktivität nimmt zunehmend ab. Es entwickelt sich Vertrauen in die Untätigkeit und Stille.

Das Licht wandert zum Punkt zwischen den Augen. Sanft entspannt es die vom Denken beanspruchte Stirnmuskulatur. Falls Sie nachdenken sollten, beleuchten Sie ihre Gedanken, schauen Sie freundlich auf sie. Sie sind wach und präsent. Spüren Sie, was in Ihrem Körper vor sich geht, während Sie sich entspannen. Die Laterne leuchtet in das Kiefergelenk, das durch starkes Zusammenbeißen der Zähne Energie festhält. Öffnen Sie den Mund leicht, damit auch hier Stress abgebaut werden kann.

Sie sind jetzt vollkommen ausgeruht.

Legen Sie die Hände zurück auf die Bauchdecke, atmen tief durch die Nase ein und aus. Spüren Sie noch einmal der Bewegung der Bauchdecke nach.

Beginnen Sie mit leichten Bewegungen in den Händen und Füßen. Strecken Sie sich in ihren Gliedern. Rollen Sie von einer Seite auf die andere, um aus der „Seitlage" (siehe Foto 34, S. 56) in die Aufrichtung zu gelangen. Aus der „Hocke" (siehe Foto 61, S. 77) wird das Becken nach oben geschoben, während Sie mit den Händen auf dem Boden aufgestützt sind. Rollen Sie die Wirbelsäule langsam nach oben auf (siehe Abb. 24, S. 39).

Achtung: Leicht gebeugt in den Knien bleiben.

Lassen Sie den Kreislauf langsam ansteigen. Falls Sie unter Stresssymptomen wie Magenreizung oder Migräne leiden, trauen Sie sich mit mehr Gelassenheit den nächsten Schritt zu gehen.

8.4 Empfehlung

Wenn Sie keine Zeit haben täglich Bewegungsfluss zu üben, sollten Sie den Körper etwa fünf Minuten ausstrecken.

Die Wirbelsäule ist mit einem Federungsprinzip ausgestattet, das durch das schwammartige Gewebe der Bandscheiben gewährleistet wird. Im Alter verliert der Mensch natürlicherweise an Körpergröße. Das liegt daran, dass die Bandscheiben austrocknen, und unter der Last der übrigen Knochen zusammenfallen. Stellen Sie sich einen trockenen Schwamm vor. Er ist fest und hart, dabei lässt er sich leicht zerbröseln. Um dieses Zerbröseln in den Bandscheiben zu vermeiden und dem Knochenzerfall vorzubeugen, sollten die Bandscheiben feucht gehalten werden. Das geschieht unter anderem durch das unter Punkt 2.3 beschriebene Wippen und Federn, denn in ausgedehntem Zustand der Wirbelsäule dringt die körpereigene Flüssigkeit in die Bandscheiben ein. Sich einmal am Tag hinzulegen, verhilft nicht nur zur inneren Ruhe, sondern beugt dem Altern vor. Durch die Streckung erhält sich eine geschmeidige und in sich bewegliche Wirbelsäule.

Ausklingend ausatmen ...

Bewegungsfluss durch bewusstes Atmen als Form der Entspannung auf körperlich-seelischer Ebene, führt zu Veränderungen festgefahrener Strukturen.
Stellen Sie sich vor, alle Menschen wären in Balance, würden sich zentriert aus der Körpermitte bewegen und fühlten sich heimisch in ihren Körpern. Wie sähe eine solche Gesellschaft dann aus?

Körperwahrnehmung als Möglichkeit zur Selbstwahrnehmung, setzt die Selbst-Heilungskräfte in Gang. Es entsteht ein tiefes Selbst-Verständnis.
Eigene Maßstäbe setzen, sich nach dem persönlichen Wohl-Befinden entscheiden, befreit von eingefahrenen Ver-haltens-mustern. Die eigene Haltung entwickelt sich intuitiv, aus einem Gefühl der Leichtigkeit von Bewegungsabläufen, von Moment zu Moment neu. Wankelmütigkeit wird so durch die inspirative Kraft des Inneren abgelöst.
Sich in Balance mit Atmung und Bewegung zu fühlen, das urteilsfreie Erleben von Empfindungen nicht nur im Körper, alles das führt zu einer inneren Harmonie, zu tiefem Frieden mit sich und seiner Umwelt. Bewegungsfluss und Lebensfluss finden in ihre Einheit zurück.

Für weitere Informationen stehe ich Ihnen gerne zur Verfügung:
Bettina Weichold
b.wegung@gmx.de
www. bewegungsfluss.de

Empfehlenswerte Literatur

Both, Ralf: Ich spanne meine Muskeln an, damit ich mich entspannen kann. Progressive Muskelrelaxation für Kinder. Kösel-Verlag, München, 1997.

Calais-Germain, Blandine: Anatomie der Bewegung. Einführung in die Bewegungsanalyse. Fourier Verlag GmbH, Wiesbaden, 1994.

Dahlke, Dr. Ruediger: Die wunderbare Heilkraft des Atems. Körperliche, seelische und spirituelle Regeneration durch unsere elementarste Fähigkeit. Integral, München, 2000.

Graf von Dürckheim, Karlfried: Die Erdmitte des Menschen. O.W. Barth bei Scherz, München, 21. Aufl. 1999.

Jacobs, Dore: Die menschliche Bewegung. Kallmeyer´sche Verlagsbuchhandlung, Seelze-Velber, 5. Aufl. 1990.

Lendner-Fischer, Sylvia: Bewegte Stille. Wie Kinder ihre Lebendigkeit ausdrücken und zur Ruhe finden. Ein Praxisbuch. Kösel-Verlag, München, 1997.

Mauss, Marcel: Soziologie und Anthropologie, Band II. Gabentausch, Todesvorstellungen, Körpertechniken. Ullstein Verlag, Frankfurt/M., Berlin, Wien, 1978.

Namikoshi, Toru: Shiatsu – Selbstmassage – Stretching. Übungen, die in Form bringen. Verlag Bruno Martin, Südergellersen, 1988.

Rofidal, Jean: Do In. Harmonie und Gesundheit durch die universelle Energie. Panorama-Verlag AG, CH - Altstätten, 1989.